ママたちが見つけた大切なこと

発達障がい児の子育て

児童精神科医 佐々木正美 監修
子育てネット 著

大和書房

まえがき

「この本を読むことで元気になってください」

それは、この本づくりに参加してくれた50人の母親たちの共通の願いでした。それぞれの過去を振り返って体験を語り、原稿を書きながら、自分たちと同じように発達障がい児を育てている仲間の役に立ちたい、明るく前進するお手伝いがしたいと、みんなが同じように思ったのです。

でも、どうしたらそんな本ができるでしょうか。

実は当初、私たちはまったく違う形で、原稿をまとめるつもりでした。本づくりは、まず母親たちにアンケートと呼ぶにはあまりにも膨大で長文のレポートを書いてもらうことから始めました。そして少人数のミーティングを重ねて、一緒に子育てのシンプルな原則を見つけるつもりでいたのです。その原則を知っていると、個性豊かな子どもたちへの対応がわかって、子育ての指針になるような原則です。

けれど、参加者の原稿を読み、ミーティングで話を聞けば聞くほど、この本で伝えるべきなのは、別のことなのではないかと思うようになりました。

それは、50組の親子の「日常」です。

それぞれの暮らし、思い、事件や発見です。

困難なことが多い子育てに落ち込みながらも、強くなり、賢くなり、大らかになっていく母親たちがここにいます。そして、あちらこちらにジグザグしながらも、成長していく子どもたちがここにいます。

そこにはさまざまな知恵と工夫がありました。笑いも希望もあふれています。だからこの本には、参加者の日常の姿をぎっしりと詰め込みました。

とてもありがたいことに、佐々木正美先生に、質問に答えていただくという形で本に関わっていただきました。その一言ひとことは、発達障がい児を育てるうえでもっとも大切な原則でした。その原則は、知っていると、安らかな気持ちで子育てに向き合えて、おだやかに子どもが成長する魔法の呪文のようにも思えます。

もし子育てに迷ったら、きっとこの本のどこかに答えが見つかるはずです。それは佐々木正美先生の魔法のことばかもしれないし、子育て家族のトホホな話の中にあるかもしれません。そして、この本を読むことで、元気のエネルギーを増やすことができたらと、みんなで願っています。

最後になりましたが、本文に登場する名前は、本づくりの参加者自身が決めたペンネームです。原稿は前川祐美子と高橋由美がまとめました。かわいいイラストを森のくじらさんに、おしゃれなデザインを本文は木村協子さんに、カバーは長坂勇司さんに担当していただき、さらに大和書房の矢島祥子さんのご尽力で、この本は世に出ることになりました。感謝しています。

子育てネット　代表　高橋由美

もくじ

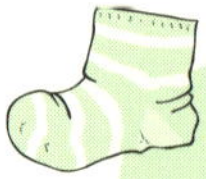

子育てコミュ

佐々木正美先生に聞きました

第4章　関わりながら生きていく

子育てコミュ

子育てコミュ

第1章

あのときの私たち

大丈夫！ と自分に言い聞かせた。そうではなかったのに……。でも、今は、本当に大丈夫。

「何か、動きがへんね」

保健センターの保健師さんから指摘されたのは、ユウが2歳半のときだった。彼はほかの子どもたちが来ると、部屋の隅にあった箱の中に隠れてしまう。窓のカーテンをぐるぐる巻きつけて、中で震えていることもあった。

1歳半健診のときは、「バス」「ブーブー」とことばが出ていたのに、1年後にはまったく話さなくなっていた。

そのころの私は、あまりにたいへんな子育てに押しつぶされそうだった。激しい夜泣きが止まらないユウを乗せて、深夜の町を何回ドライブしたことだろう。

ユウは、水に反応する。噴水を見ると真冬でも頭からダイブする。ベビーカーのベルトを自分ではずして池に突っ込んだ息子を引き上げるときは、悲しくて涙が止まらなかった。

「大丈夫、夜泣きはおさまるから」

「大丈夫、うちの子も同じよ」

とまわりの人たちは言ってくれた。

でも、大丈夫ではなかった。

魔の時間

私には、その前を通ると怖くて目を背けてしまう一軒のファミレスがある。国道沿いにあるその店を見るたびに、思い出すことがあるからだ。

昔、その店でパパがぽつんと言った。

「一緒に死のうか」って。

保健師さんから紹介された病院で、ユウは広汎性《こうはんせい》発達障がいと診断された。でも私たちは信じられなかった。それで、パパが児童精神科があるほかの病院を探して受診したのだが、そこの医師の診断と説明が、私たちを打ちのめした。

「知的な障がいを伴う自閉症です。教育はあきらめてください」

今にして思えば、ずいぶん人間性に欠ける医師だった。その口から、その後にたんたんと語られた説明は、まったく希望のない話ばかり。

病院を出た私たちは、やっとの思いでファミレスにたどり着いた。そこで子どもたちに大好きなラーメンを食べさせながら、私の頭にもパパと同じことばが思いうかんでいた。

でも、ちゃんと言った。

「そんなこと、できない……」

「そうだ、できないよね」

このとき、ファミレスの中に流れていた魔の時間が止まった。そして、家族の新しい時間が始まったのだと思う。

ユウの目玉焼き

あれからいろいろなことがあった。

ユウは小2になった。小1の5月まで

「ママ」も言えなかったが、今は、「ママ大好き」「ママかわいいね」と言ってくれる。いつの間にか甘え上手になって、先生たちのひざにちょこんと乗っていたりする。

家ではお手伝いをきちんとする。

「ユウ君、カーテンを閉めてください」

「はい、閉めました」

「洗濯物をたたんでください」

「はい、たたみました」

「大根役者をお願いします」

「はい、大根役者をやります」

大根役者というのは、大根の皮をむくピーラーのこと。ユウは道具を引き出しから出すと、ていねいに大根の下ごしらえをしてくれる。

あのとき、医師が言っていた「あきらめろ」なんて、うそだった。理解しやすくていねいに教えれば一歩一歩できるようになる。そして、一度覚えたことはきちんとやる。

私は小さなことでも、できたことをたくさんほめる。表情がとぼしいから、ユウはほめられてうれしいのかどうか、最初はよくわからなかった。でも、「ありがとう」や「すごいね」は、ちゃんと通じている。

昨日、ユウは上手に家族の目玉焼きを焼いてくれた。

彼は、自分が食べることより、家族に「おいしいね」と言われることが大好きなのだと思う。それにユウの目玉焼きはどんな料理よりおいしい。

兄弟それぞれ

わが家には1歳年下の弟がいる。弟は赤ちゃんのころ、奇声をあげて泣き、手を光にかざしてひらひらさせ、そのうえ、人と目を合わせようとしなかったので、兄と同じ傾向があると思われ、療育に通ったことがある。

　ところが、これは大間違い。兄のまねをしていただけだった。弟は保育園に入園すると、どんどんことばを覚え、友だちと遊び、兄に比べるとハイスピードで成長した。

　その弟は、お手伝いを頼んでも、「あとで」「今、ゲームをしているから」といい加減。「少しはお兄ちゃんを見習え、こら！」と言うほど。

　それぞれに個性がまったく違う子どもたち。どっちもかわいい。どっちもいとおしい。

（ユウママ）

子育てコミュ①

それぞれの始まり

●人間ぎらい

8か月ぐらいから、ほかの子どもが寄ってくると逃げてしまい、ひとりで遊びたがった。家族以外が家に入ってくると追い出そうとした。（自閉症／9歳男）

●ママの声が聞こえない？

1歳半から2歳ぐらいのころ、自転車の前に乗せて、後ろから呼びかけても反応がないことが数回あった。そのときは耳が聞こえないのかと思った。ことばが出なかったのも耳が悪いからだと思っていた。（自閉症／12歳男）

●通夜の席で

5歳のとき。祖父の通夜で、棺桶の顔を見る扉を開けたり閉めたりしていた。この姿を見て、やっぱりこの子は、何か違うと、あいまいな気持ちが、確信に変わった。（高機能自閉症・ADHD／9歳男）

●ことばが減った

せっかくことばが出始めていたのに、2歳半になったころ、だんだんと減り出した。（PDD／6歳男）

●横目で小走り

1歳3か月のとき、飛行機を見せようと、空港の展望台に連れていった。すると横目でフェンスを見ながら小走りを始めた。結局、飛行機には目もくれず、転びながらもひたすらフェンスのまわりを走っていた。

（非定型自閉症／3歳男）

●水槽を凝視&つま先立ち

2歳のころ、兄が通う障がい児通園施設に一緒に連れていったとき、施設の入口にあった魚が泳いでいる水槽をジーッとつま先立ちをしながら見ていた。その姿を見て間違いないと思った。

（PDD／12歳男）

●軟体動物

3歳のとき、同じアパートに同い年の子が3人いたが、うちだけ宇宙人だった。人見知りをしているわけでもないのに、絶対一緒に遊ばないし、自分からは話さないけど、話しかけられてもまともに返事をしない。オウム返しもあったし、異常な記憶力も気になっていた。また、体操教室では、息子だけキビキビしてない軟体動物だった。それにみんなと違って、柔軟体操のかけ声に合わせて、床に数字を書いていた。

（AS／13歳男）

●鏡を見て笑わなかった

不妊治療の末、10年目に授かった子どもということと、生来の本好き、研究好きのため、子育ての本をいろいろ読み、生まれた瞬間からイギリスの英才教育をしようとしていた。その本の中に、「子どもは生まれて1週間で鏡を見て笑う」とあったが、わが子は違うと思ったことが始まりだった。

（PDD／11歳男）

●母子手帳に「いいえ」が

出生時に重度仮死状態で、かな〜りヤバかったのにもかかわらず、10か月までは超順調な成長。しかし、その後、母子手帳の発達項目のQ&Aに「いいえ」が現れ始めてしまった。

（PDD／8歳男）

ここで登場する障がい名は、アンケートに記載されたものであり、下記のように省略しています。

広汎性発達障がい＝PDD
アスペルガー障がい＝AS
学習障がい＝LD
注意欠陥・多動性障がい
＝ADHD

子育てコミュ① それぞれの始まり

●夜に寝ない

生活リズムが昼夜逆転だった。２歳になってもことばが出ず、３歳で言えることばが3、4語だった。（ＰＤＤ／11歳女）

●ベビーシッターの指摘

1歳半のときにベビーシッターに指摘された。「ほかの同世代の子どもとは何かが違う」と言われ、すぐに病院の予約を取った。（高機能自閉症／12歳女）

●子犬に無反応

息子が1歳になる少し前のこと、公園で子犬が近づき、手をペロペロなめた。それなのに息子はまったく無反応。へんだなと感じた。（自閉症／13歳男）

●字が覚えられない

小1のとき。ひらがなが、なかなか覚えられなかった。自分の名前が入っている文字さえ、長い時間考えないと、思い出せないようすに、おかしいなと思った。（ディスレクシア／12歳男）

●どんどん差が開いた

寝てばかりいて、首すわりも寝返りもあんよも遅く、成長の遅れが気になっていた。月刊誌『ひよこクラブ』に毎月登場する同月齢の子と息子の成長の差が、新刊が出るたびに開いていった。いったい何が起こっているのだろうと不安に思った。（ＡＤＨＤ／12歳男）

●一緒に歌えない

3歳のとき、保育園の発表会の練習に興味を示さず、本番では、ひとりだけステージから下りて逃げて行ってしまった。4歳のときの運動会も同じ姿。みんなと一緒に踊ったり、歌ったりする表現活動を極端に嫌がり、誘われても答えず、教室から出て逃げることが続いた。「幼いから」ではないのかもと思い始めた。（ＡＤＨＤ／6歳男）

●聞き分けがない

とにかく何でも触ってしまい、言い聞かせることができなかった。公園へ連れて行っても、そこだけで遊ばず、必ず公園の外に脱走してしまい「多動だなあ」と感じた。自閉症の子はつま先歩きをすると知っていたので、ときどきつま先で歩いていたのも気になった。3歳近くになっても友だちとは遊ぼうとしなかった。（発達障がいの疑い／8歳男）

●遊びたいのに遊べない

5歳のときのこと。前日まであんなに幼稚園の遠足を楽しみにしていたのに、現地で誰とも遊ぶことができない姿を見て、兄と同じだと確信した。（PDD／10歳女）

●扉の開け閉め

生まれてすぐから、手がかかる子だった。つねに泣いていて、一日中抱っこしていた。少し大きくなると、友だちと関わらず、ひとりで遊ぶ。しかもおもちゃには無関心。機械の操作や扉の開け閉めや水遊びばかりしていた。何度注意をしても、何度手を扉ではさんでもやめなかった。（高機能自閉症・ADHD／9歳男）

●会話がQ&A

幼稚園に入ってしばらくして、会話がすべてQ&Aであることに気がついた。こだわり行動も激しくなり、気になっていた。1歳で保育士に成長の相談をしたときは「成長に疑問」というほどで、確信はなかったが、このころには何かが違うと思うようになっていた。（AS／11歳男）

●遊具に興味なし

1、2歳のころ、公園でほかの子たちは砂場や遊具などで、ある程度の時間集中して遊んでいるのに、うちの子はいつもただ走りまわっているだけで、遊具に興味を示さなかった。（発達障がい／8歳男）

多動は秒速。GPSは追いつけない。母の手で防ぐ技を身につける。

兄のマリオは、ハイハイをしなかった。伝い歩きができるようになったかと思ったら、前傾姿勢でトトトトと走り始めた。手を離すと走る。公園では集団には入れず、砂場で遊ばず、マリオの1日は走って終わる。私の1日はそれを追いかけて終わった。

マリオにはパーカーを着せ「動く!」と察知したらフードをパシッとつかむ技は上達したが、止める方法は見つからない。相談をすると、「注意欠陥・多動性障がいかもしれない」と言った幼稚園の先生は、それを「じっとできない子のことを言います」と教えてくれた。

まさにマリオのことだ。

戦場におとずれた平和

自動ドアが開いた瞬間に、マリオはビューッと建物の中に消えた。療育センターの初日は、スタッフと行方不明のマリオを探すことから始まった。そんなだ

から、すぐに療育をすることが決まった。

　その1週間後、今度は一緒に連れて行っていた弟のルイージにも障がいの疑いがあると言われてしまう。そして、別々のクラスでそれぞれの療育が始まった。

「自分の子育てを責めていたが、障がいがわかってホッとした」という話は、半分は本当で半分違う。ホッとなんてできない。すごく重い。

　けれど、そのおかげで日々の戦場を少しずつ改善する方法がわかった。混乱していた自分の気持ちも整理がついてきた。

　なぜ、彼らがこんな行動をするのか、不思議に思うことは療育の先生に聞いたし医師にも質問した。本もたくさん読んだ。ママたちのネットワークもひろがった。

　今も現実は忙しい。

　成長とともに、幼いころとは違った問題に直面する。だから過去を振り返ることはない。過去のことはどんどん忘れていく。最近は「暇がないのが幸せ」なんて思うようになった。

　ちなみに、マリオの多動は小3のときにぱたりとおさまった。

　それと入れ違いに、それまでまったく手がかからなかった弟のルイージがドーッと走り始めた。GPSをつけたけれど、検索が間に合わないほど素早く動きまわる。

　多動は秒速だ。人工衛星は間に合わない。多動パターンを分析して未然に防ぐ母の手以上の方法はないみたい。（ロゼッタ）

子育てコミュ②

今だから思い出せる日々

●まわりの目が気になる

いつもまわりに迷惑をかけていると思われているのでは？　しつけがなってないと思われているのでは？　と思ってしまう。私はやれることはやっている。だけど子どもは変わらない、という重圧で、自分を責めてしまう。そういうときは、息子を肯定的に見てあげられず、息子を責めてしまい、自己嫌悪に……。

（高機能自閉症、ＡＤＨＤ／9歳男）

●「うるさい！」とどなられ

駅のホームで電車を待っているとき、子どもが騒いだところ、老人に「うるさい!!」とどなられた。バスの中でも、乗客に耳をふさがれて、悲しい思いをし、何回か途中で降りたこともある。これから先、こんなことが何回続くのだろうと思った。

（ＰＤＤ／3歳男）

●虐待と思われること

私には息子にたたかれたり、けられたり、かまれたりした傷がある。息子も自分で勝手にぶつけて転んだけがやあざもある。それなのに、「虐待」と言われたり、疑念をもたれたりすることがあるのがつらい。

（ＰＤＤ／14歳男）

●親せきに伏せられ

今もそうだが、同居している義父母は、親せきに、孫が自閉症であることを伏せている。だから、冠婚葬祭には出席している。

いない。私はオープンにしているが、近所にも「孫のことは伝えるな」と言う。友だちの結婚式に呼ばれたときに、「孫は預かれない」と言われ、出席できず、友人との関係が悪くなってしまったこともある。

（自閉症／12歳男）

●迷子で警察に

一番つらかったのは、幼稚園生と小1のときに迷子になり、なかなか見つからず、警察のお世話になったこと。今でも「あのとき、もう戻ってこなかったら」と思うだけで、心臓がドキドキしてしまう。

（非言語性学習障がい／14歳男）

●菓子折り持って謝りに

高いところから物を落とすことにハマっていた時期があり、自宅のマンションの窓から電話の子機、はさみ、洗濯物、シーツ、アイロンなど、いろいろな物を下に落としていた。一瞬目を離したすきにやっていたので、気づかず、1階の人から「物が落ちてきた」と言われて驚いた。すぐに菓子折りを持って謝りに行ったが、その人に会うたびに、悪いことをしていなくても、つい「ごめんなさい」と言ってしまう。

（自閉症／13歳男）

●流しが凹んだ

注意したことがあまりにも耳に入らないので、思わずなべをたたきつけ、ステンレスの流しが凹んでしまった。今でも、毎日そこを見て反省したり、よくがんばったなぁと、思ったりしている。ほかにもこわしたものは多々ある……。

（軽度発達障がいの疑い／13歳男）

●人に手を出す

他害があった4、5歳の時期、外出は、たえず周囲をチェックし、人に手を出さないように自ら壁となり、ガードしていた。それでも一度、丸太に座っていた2歳児を押し倒したことがある。その子はひっくり返って大泣き。親はたいへん怒

子育てコミュ②　今だから思い出せる日々

り、謝り続けても許される状態ではなく「うったえられる」と覚悟をしたことがあった。それでも必ず暗いトンネルは抜け、道は開ける。今はまったく他害はない。（自閉症／12歳男）

●手をあげた私

幼稚園のとき、うまくしゃべれない息子にいら立ち、たたいたり、けったりしてしまった。なぜ、うちの子はしゃべらないのか、なぜ奇声をあげるのかがまったくわからなかった。それが障がいのせいだとわかってからは、手をあげることはできなくなった。（非定型自閉症／11歳男）

●理解のない夫

2歳のころ、子どもが毎晩泣き続けるので、私は眠らずにずっと抱っこをしていた。夫は何も気づかず寝続け、1回も代わってくれたことはない。一番たいへんな時期に、仕事が忙しいとはいえ、あまりに協力を得られなかったのが、とてもつらかった。それ以来、信頼関係は崩れたままだ。（発達障がい／8歳男）

●重度仮死で出産

一番つらかったのは、難産でやっと生まれた息子が、真紫色でだらりとして動かない状態だったとき。重度仮死での出生だった。あの瞬間「何がどうでも、生きててくれればそれでイイ！　一緒にわが家で暮らしたい！」って思った。以降は何がどんなにつらくても「あのとき生きていてくれたから、今があるんだよなあ～」とたいていなれる（笑）。（PDD／8歳男）

●夫と離婚

何度説明しても夫は子どもたちを理解しようとはしなかった。「うちの子は普通だ！」と、学校や医者との面談にも同行してくれず、挙げ句の果てに「のろま！」「バカ！」「こんなこともできないのか！」と暴言や暴力で子どもに言うことを聞かせようとしたので別れた！

（ＰＤＤ／12歳男、ＡＤＨＤ／13歳男）

●私と同じ思いをさせたくない

私自身もＡＤＨＤで、ずっと「人とは何か違う、同じようにできない」と苦しんできた。だから息子も同じような思いをして育つのだろうかと思うと、とにかく不安でいっぱいになった。子育てをしながら息子を肯定し、一緒に共感し合い、ぶつかりながらも解決したい。それは、自分自身がいやされていない何かを許すことにもつながるのではないかと思った。

（高機能自閉症、ＡＤＨＤ／9歳男）

●転園で退職に

診断後、保育園を追い出された。毎日毎日園長から嫌がらせを言われ、子どもがやっていないことも、子どもは話せないので、やったと決めつけられた。結局、土下座をさせられ、転園することになった。

（ＰＤＤ／9歳男）

●私のせい？

子どもにことばが出なかったとき、お姑さんに「お母さんなんだから、あなたがもっと話かけてあげて」と、まるで私の接し方が悪いかのように言われていた。

（自閉症／11歳男）

●ほかの人は入らないで！

息子は、父親の再婚相手である私とハウスキーパーとの立場の違いがわからなかった。母親とはどういうものかを理解できず、再婚するときには「ほかの人はいらない。ここはお父さんと自分だけの家だ」と繰り返し言われたのはつらかった。

（高機能自閉症／14歳男）

●人混みでのパニック

駅のホームやホテルのロビーなどで、パニックになると、ひたすら落ち着くまで待った。私たちのまわりには、いつも人だかりができていた。（ＰＤＤ／12歳女）

どうしたらいいの？　私にできることは何？　答えをもとめて療育センターへ。

今にして思うと、私たち親子は恵まれていた。小児科で、たまたま患者さんが少ない時間があり、世間話のつもりで「ことばが少ない」と言うと、先生が「療育センターに行ってみたら」とすぐに予約を入れてくれたのだ。

その結果、すぐ療育を始めることになった。そのとき息子のチュケは3歳だった。

でも、私は3か月だけで通うのをやめてしまった。

そこには重度の子どもが多く、それですらショックで、一緒にいるところを見るのがつらかった。チュケは奇声もあげないし、パニックもない。「チュケは違う」

そう思った。

なぜ、できないの？

そのころ、私は地域の子育てサークルで手遊び教室を主催していた。20～30人もの親子が集まって、一緒に歌って、手遊びをした。ところが、チュケは見ているだけ……。歌わないし遊ばない。

「なぜ、同じことができないの？」

その疑問は、それからだんだんと増えていった。周囲の友だちに比べると、できることの差はどんどんひろがっていく。

このままでいいの？　どうしたらいいの？　私に何ができるの……。

できることはひとつだった。発達障がいということばに耳をふさがないで、その子育てを教えてもらうこと。

1年後、私たち親子は療育センターにまい戻った。1年ぶりに戻ってみたら、チュケと同じような子どもが増えていた。

親の理解もスモールステップ

センターでは、子どものトレーニングをするだけでなく、母子を分離して、親のための勉強会も行われていた。

ここの親たちは、子どもの小さな進歩を認めて、たくさん喜ぶ。その成長はスモールステップ。一歩が小さい。

同じように、私が子どもの障がいを受け入れるのもスモールステップだった。ときどき落ち込んだり、混乱しながら、少しずつチュケを理解してきた。

でも、これまで出会ったなかには、それができない人もいた。受け止めきれずに自分がうつ病になったママもいる。

「うちの子はここに来る子ではないから」と言ってセンターから離れた人もいる。

あの親子は、今、どうしているだろう。

ちなみにチュケは、幼稚園で何かするときは2番目にしてもらった。お手本があればまねができる。そうして、幼稚園の年長のときにはみんなと一緒に歌えるようになった。

（チュケママ）

子育てコミュ③

私たちが始めたこと

●療育開始まで3日の早技

ベビーシッターに指摘され、翌日に出産した病院の発達外来で診察を受け、そのすすめに従い、翌日に地域の保健センターに相談へ行った。その翌日には、区のこども発達センターに相談して、即日で通所グループに入った。気づいてから療育開始まで3日の早技だった。

（高機能自閉症／12歳女）

●病院をもとめて転居

最初は自宅に訪問してくれた保健師に相談。次は小児科医に。でも、「ようすを見ましょう」「気にしすぎ」と言われた。次に、市の「心の健康相談」を予約。3歳で県の小児医療センターへ。「少ない時間で見る限り、ADHDでも、自閉症でもない。自閉的要素が見られる」と経過観察。その後に検査というが、早くて半年先から1年後だという。あきれて別の市に転居。その10日後に都立の小児病院へ行った。1か月後に発達検査、2か月後には診断が出た。

（PDD／14歳男）

●怒りが先立ち受診せず

1歳のとき、ディズニーランドで義理の母に「この子はおかしい」と言われた。知り合いの教授を紹介されたが、私が受け入れられず、怒りを義母に向け、受診しなかった。でも、1歳6か月のころには、心配がピークになり、児童館の人や英才教育の先生に相談。1歳半健診では、思うところを用紙に書いたため、後日保健所より連絡があった。その後、保健所の子育て相談に通う。そのころ夫の海外転勤が決まり、すぐに療育を始めたいとあせった。療育センターで療育を開始するには医師の障がい認定が必要と知り、急いで病院の予約を取り、診察を受けた。

（PDD／11歳男）

●小児科医に相談

2歳で医師に相談したところ、ようすを見ましょうと楽観的に言われ、ふに落ちないまま帰宅。開業医、大学病院も同じだった。3歳児健診でようやく発達センターを紹介され、当時は自閉症の疑いとの診断だった。療育の場を探し、民間の療育グループに相談。そのまま入所し通った。

（PDD／11歳女）

●自分の気持ちを確認

最初は半信半疑状態で（笑）、認めたくないけれど、もし本当ならば、打てる手は打ってあげたいと思い、まずは自分の心を一本に決めることが実際の行動のもとだった気がする。障がいについて、ネットで調べたし、本も読んだ。市の言語訓練、療育園、自閉症スペクトラムの講演会にも通った。保育園の先生や幼稚園の園長先生、娘についていた先生みんなに、とにかく相談した。

（高機能自閉症／9歳女）

●自宅で療育開始

1歳11か月、転居先の小児科で「発達に心配がある子ども」というパンフレットを見つけた。チェック項目に照らし合わせると、当てはまった。その場で相談。すぐに保健センターをすすめられた。キャンセルがあったので、翌日保健センターへ行ったが、療育が始まったのはその1年後。順番待ちでここまで待たされた。待っている間に、センターの療育開始を待たずに、障がいと療育を本とネッ

トで学び、2歳から自宅で療育のようなことを始めていた。（ADHD／12歳男）

●何もしなかった

ADHDだと思っていたし、大きくなれば治ると思ったから。（自閉症／11歳男）

●本で知識を

まず、『のび太・ジャイアン症候群4 ADHDとアスペルガー症候群』を読み、教育センター開催「軽度発達障がいの子どもの理解と関わり方」の講演会へ行った。その後センターへ面談を申し込み、子どもは発達テストWISCを受けた。現在も定期的に通っている。（軽度発達障がいの疑い／13歳男）

●発達障がい児のママに相談

近所のママ友に相談しても、たいして役に立たず（笑）、元保育士の友人から、発達障がい児の母親を紹介され、話を聞いた。同時に保健センターに発達相談の予約をした。（PDD／3歳男、6歳男）

●区の相談センターへ

幼稚園の先生にすすめられ、区の相談センターへ行き、カウンセリングを受けた。それから3年ほど同じところに通い、親はカウンセリング、子どもはプレイセラピーを週1回程度受けた。（非言語性学習障がい／14歳男）

●問題なしに疑問

兄は市の1歳半健診で「発達が遅いかも」と言われ、以後保健所の親子教室に通う

ことになった。妹は引っ越し先の市では「問題なし」と言われたが、私が疑問をもち、すでに兄が通っていた療育センターに相談し、発達検査を受けた。

（PDD・ADHD／11歳女、自閉症／13歳男）

●健診で予約されムッ！

気になるところがあったので、当時住んでいた市の育児相談に行ったり、電話相談をしたりしていた。その後あった3歳児健診で、保健師にその場で、市のこども療育センターに予約を入れられた。そのときは、正直ムッとしたが、今は感謝している。

（AS／11歳男）

●育児雑誌で自閉症を知り

ベネッセの『ひよこクラブ』に自閉症の解説があり、読んだら兄にぴったりくるので気になっていた。それで、妹の3か月健診のついでに、兄のことを保健師に相談したところ、すぐに、発育相談の予約を取ってくれた。

（自閉症／13歳男）

●聴力検査へ

最初は2歳7か月。総合病院へ聴力検査に行った。

（PDD／6歳男）

●親子サークルの主催者に相談

インターネットなどで発達障がいを検索すると、思い当たるふしが多数あった。親子サークルの主催者に相談したところ、保健所へ行くようにとアドバイスをもらう。保健所で療育センターを紹介された。

（非定型自閉症／3歳男）

●今ならSNS

当時はパソコン通信というものがあった。その子育てフォーラムで子どもの特徴を相談した。するとすぐに、「うちの高機能自閉症の娘とそっくり」というレスポンスがついたので、保健センターの発育相談に申し込み、児童相談所へ行った。

（AS／13歳男）

子どもは不思議でおもしろい。そして偉い。大ファンでいようと決めた。

私は、子育てについて相談されることが多くて、「H町の母」と呼ばれることがある。行政や専門家との関わり方や困りごとを解決する方法を一緒に考えることが多い。おかげで、たくさんのママの涙も見てきた。

でも、それ以上に一緒に笑ってきた。

これは最近のママたちの会話。

「ガソリンスタンドで給油してたら『なんでうちはハイオクじゃないのですか』『レギュラーは地球にやさしくありません』ってへー君が頭をかかえて、パニックになったのよ」

「学校でエコについて習ったのね」

「『うちは貧乏ですから』と言ったら、今度はショックで泣き出しちゃった」

「そういうときは、泣くとCO_2がたくさん出て、エコじゃありませんと言うと泣きやむわよ」

「うちの子はへー君と違って、上履きを忘れたのに『両足をスーパーの袋で包んだから平気だよ』だって。うちのADH

Dは、困るということがない」

笑いというエール

子どもたちは不思議で、おかしい。

いつもは、その強烈な個性に翻弄されているけれど、それが笑えると、気持ちが軽くなる。笑いは、踏ん張って生きている私たちを強くしてくれる。

長男こたろうは先天性の心疾患があり、重度の脳性麻痺。この子を必死で育てているときに生まれたのが弟のへー君だ。彼は2歳のときに「まだ断定できないけれど、かなりADHDっぽい」と言われ、その後、自閉症と診断された。へー君のことは落ち着いて受け止められた。

「やるべきことから、ひとつずつやっていけばいい」

それだけだった。

「あなたには、こういう子を育てる能力があると思って、子どもは生まれてきたのよ」という受け止め方をするママがいるけれど、そういうのは苦手。私は追い詰められて、やっているだけ。どんな人もやろうと思えばできる。

それに、子どものほうが、私たちよりはるかに偉いと思いませんか。困難をかかえているのに、一歩ずつ前進する。

だから、私は子どもの大ファン。母は母だけど、それだけじゃなくて、ファンなのだ。私は平凡だけれど、へー君は相当におもしろい。最近、彼は「おれ、子どもには人気ないなあ。大人にはけっこう、受けるのに」などと言っている。じっさい、兄と一緒に商店街に出かけると、果物などをもらって帰ってくる。

でも、一番のファンは母である私だからね。

(りょーりん)

子育てコミュ ④

告知と発達検査のこと

●泣いてなんていられない

3歳から「ようすを見ましょう」と言われながら、いろいろな療育を受けていた。就学時にはじめて診断され「やっぱりねー」という感じで少しホッとした。けれども帰り道、紅葉がつもった坂道を娘と泣きながら歩いた。すると、娘がいちょうの葉を手渡してくれた。その行為に、私はなんてうれしいことだろうと感動し、泣くことなんてないし、泣いてなんていられない！　と強く思った。いちょうの葉は今も私の宝物。紅葉は私の元気の色だ。

（高機能自閉症／9歳女）

●涙をこらえた

「やっぱり……」との思いとともに絶望感が襲ってきて、涙が出そうになった。でも、兄妹がその場にいたので、必死にこらえた。検査は積み木を重ねたり、絵を合わせたり。なんで子どもの発達がこれでわかるのだろうと疑問も感じた。

（自閉症／12歳男）

●心構えがなかった

発達検査を希望する場合、その前に医師の診断が必要だった。まさかその場で告知を受けることになるとは、私はなぜか考えていなかった。話を聞いて、まず「?」となった。次第に目の前の景色が遠のいていったのを覚えている。わかっていたはずなのに「今日、聞く心構え」ができていなかった。だんだん事実を認識し、自分の心を安定させるために、1か月後には心療内科に通うようになった。

（非定型自閉症／3歳男）

●やはり私の子ども

発音があまりにも悪い、行動に落ち着きがない、と耳鼻科の医師に発達支援センターを紹介された。検査の後に診断があり「やっぱりな～」と思った。私にもADHDがあり、子育てをしながらこの子は「私の子どもだな～」と痛感することがたびたびあった。

（高機能自閉症、ADHD／9歳男）

●治療の方法がない!?

3歳児健診で相談員に相談。「問題はなさそう」と言われたが、不安だったので、専門家を紹介してもらい、検査を受けた。できることにばらつきがあることはわかった。それと「治ることはありません。治療の方法もありません」と言われ、ショックだった。涙で信号の色がぶれて、帰りの車の運転が危なかった。「このままこの子と一緒に死ねたら……」と思った。

（PDD／12歳男）

●記憶がない

1歳10か月で発達検査を受けた。結果はDQ（発達指数）50。数値の読み方を知ったときはすごいショックを受けた。診断は3歳になる数か月前のこと。ショックすぎて記憶がない。（PDD／10歳男）

●育て方じゃないと安心

7歳のときに発達検査を受け、成長に凸凹があるデータを見せられた。ショックを受けるというよりも、むしろ「私の育て方が原因ではなかったのだ」とホッとした。（軽度発達障がいの疑い／13歳男）

●愕然！　でも……？

2歳9か月で受けた検査の結果を聞いて、愕然とした。ほぼ年齢の半分しか成長していなかった。その一方で、本当に

子育てコミュ④ 告知と発達検査のこと

測定できているのかな？　とも思った。なぜなら、家ではできることを、テストでやらないのを見ていたから。風でブラインドが揺れ、光が部屋に入ったとたんにテストをやめた。絵カードも集中して見ようともせず、知っていることばも言わなかった。（ADHD／12歳男）

●何だ、これ！

検査結果を見せられても、それがどういうことを意味するのかよく理解できていなかったので、ちょっと「何だ、これ⁉」という感じだった。でも項目ごとに何歳レベルか書いてあり、低い値にショックを受けた。（発達障がいの疑い／8歳男）

●子育てを後悔

2歳半のときに発達検査を受けた。まだ告知は受けていなかったけれど、コミュニケーションが1年遅れていると言われ、落胆した。まだ障がいをよく理解していなかったので、心理士に「育て方のせいではない」と言われても、自分の子育てのせいだと後悔していた。（PDD／6歳男）

●やっぱりそうか

療育センターで発達検査とドクター診察を受けた。検査の結果はDQ60。まだ無知だったので「いつか100以上になる」と甘いことを考えていた（笑）。その後は知識を得ようと、発達障がい系の本をやたらと読んだ。体験談から療育方法まで多岐にわたる。発達障がい者が起こした事件の裁判本を読んでからは、兄弟が大人になり、自分が死んだときにどうなっているかを考えるようになった。（PDD／3歳男、6歳男）

●なんらかの対処ができる！

3歳2か月で発達検査と児童精神科を受診。3秒で「典型的な自閉症」と診断され、かつ軽度の精神発達遅滞もあると言われた。ここでは書ききれないぐらい、いろんなことを考えた。ただ、意外に「ショック」はなく、逆に「これでなんらかの対処ができる。ついに育児の方向性が見えた！」とホッとした。自閉症の判明で、よりよい攻略法が増えた。検査結果は自分が思っていたのよりも「低いな！」というのが感想だったが、予想より、あっさりと受け入れられた。（PDD／8歳男）

●弟が気になる

兄は5歳のときに幼稚園の先生の指摘で検査を受けた。「そんなことはないのでは？」と否定する気持ちもあったけど、検査結果を聞いて「ふーん、そうか……」と思った。ところが、一緒にいた2歳の弟を見て先生は「弟くんのほうが気になるな」と言った。検査の結果は「やっぱりか……」だった。（PDD／6歳男、AS・ADHD／10歳男）

●薬で治るの？

小1の冬に受けた検査は田中ビネー式。結果を支援級の先生と養護の先生に伝えられた。はっきりと診断名を言われたわけではなく「ほかの子に比べて器が小さいから、たくさん勉強を入れると、あふれてしまう」と言われ、はじめは何が言いたいのかわからなかった。私は「薬を飲めば治る？」といった感じだった。7歳で結果は5歳レベル。2歳くらいの遅れは取り戻せると思った。

（ディスレクシア／12歳男）

●はっきり言って欲しかった

検査結果の説明に、モザイクがかかりすぎていて「だから息子の将来どうなるんですか？」という感じだった。今となれば、3歳じゃ、心理士もああ言うしかなかったと思える。5歳で再度、検査を受けたときは、数字など特定の項目で、年齢の倍のスコアが出た。平均するとIQ130前後であることが判明した。

（AS／13歳男）

佐々木正美
先生に
聞きました

1

お医者さんは、子どものどんなところを診て診断をくだすのですか？

絵合わせをしたり、コップを重ねたりする……。発達検査のようすを見ていると、こんなことで障がいがわかるのか、その結果で、子どもの人生が左右されてよいのだろうかと疑問がわいてきます。

場の雰囲気と調和しない独特の感覚

私自身のことを言えば、発達検査をもとに診断をくだすということはありません。医師になって45年になりますが、最初は先輩の先生たちに教えられながら経験を積み、だんだんわかってくるわけです。そして、発達障がいの子どもたちの共通点が見えるようになってくる。

これまで、おそらく1000人以上の子どもたちを診てきましたが、その子どもたちは、ひとりとして同じではありません。一人ひとり違います。でも、行動を診ていると、共通点を感じます。

専門家とはそういうものではありませんか。

今はもうやっていませんが、私は30年ぐらい乳幼児健診のお手伝いをしてきました。1歳半の幼児を診て何がわかるのか、と思われるかもしれませんが、自閉症の子どもを見逃すことはありませんでした。「問題はありませんよ」と言って、その後に、障がいが見つかったということはありません。

そんな子どもたちに何を感じるかを表現するのは、難しいのですが、あえてことばにすると、場になじめない、独特に調和しないところがあるということでしょうか。みんなが共有し合っている場の雰囲気と調和していない。

そのように感じます。

子どもを幸せにするために

たとえば、幼い子どもは、「アーアー」と言って、自分の関心があるものを指さします。この「アーアー」は「ママも見て！」とうったえて、自分の興味や関心を、周囲の人と分かち合おうとしているのです。これをジョイント・アテンション（共同注視）といいますが、自閉症スペクトラムの子どもたちは、そういうところがとぼしい。

もう少し年齢が上がると、具体的に特性を説明できることが増えてきますが、幼くてもそうした子どもがまとっている雰囲気は独特です。

ですから、保育や教育の現場では、子どもの雰囲気を感じ、判断した経験を持ち合わせている人は多いのです。そして、親に伝えることがたいへんに難しいと、悩んでいることも少なくありません。

けれど本当は、第三者が気づく前に、親は気づいているのではありませんか。

私が勤めている大学（川崎医療福祉大学）には、保護者や保育者が集まって、発達障がいの勉強をする講座があります。この参加者に協力してもらい「親がどのようなプロセスで発達障がいの事実を受け入れていくか」といった内容の論文を学生や大学院生が書いていますが、実は多くの親は、本当はとても早い時期からわかっていらっしゃる。

しかし、何でもないと思いたいのです。

受け入れるのは簡単ではありません。

「先生はああ言ったけれど、治るのではないか」

「こんなに話せるのだから自閉症のはずがない」

そんなふうに考えるのは、親としては当たり前のことかもしれません。今回の「こんなことで、障がいがわかるのですか？」という、お母さんの質問には、そんな気持ちが隠れているようにも思います。

けれど、やがて子どもの成長とともに、無理矢理に「問題がないはず」と、ご自分を納得させることが難しくなってきます。それが遅ければ遅いほど、子どもの不便は大きなものになってしまいます。

知るのが早いほど、子どもを幸せにしてあげられる、そう思います。

子どもの道をあけてあげる

わずか1歳半の乳幼児健診のときでも、私は「自閉症」とわかれば、そのようにきちんと診断名を伝えました。私だって「何でもないかもしれません」と言いたいですが、それではうそになります。

それに、親が障がいの本質から目をそむけて、「○○ができないのはしつけの問題だ」と考えていると、無理に一般の子どもと同じようにさせようとしてしまいます。けれど、それは不可能なことであり、子どもの特性を認めていないということになります。子どもにとっては、親に拒否されているのと同じです。たいへん苦しみます。

そんなことをせず、子どものために道をあけていただきたいのです。

あるご家庭のことです。

自閉症のお子さんは、家族が食卓を囲んで楽しそうに話をしていると、かんしゃくを起こす。自分は会話の内容が聞き取れず、意味もわかりません。でも自分だけかやの外に置かれていることが嫌だったのでしょう。

それが、だんだんにわかった家族は、かんしゃくを起こしそうになると、みんなが黙るようになりました。両親、祖父母、きょうだいみんなが、会話を止めて、彼の発言を待ちました。そうやって道をあけてあげる。

「どうしたの？　言いたいことは言えばいいよ」と。

するとこどもはとんでもなく見当違いの発言をしたりする。まったく内容

がわからないこともありました。それでもいい。それまでの会話と少しでもつながるところがあれば、みんなで喜んだといいます。

そうしているうちに、やがて、子どもはみんなの会話の中に入ってこられるようになりました。

理解者に見守られれば、おだやかに育つ

道をあけて待つ。

こちらがつくった道に従わせるのではなく、あけて待つということが大切なのだと思います。

親が障がいを受け入れるのは、簡単ではありませんが、その一方で、それほど難しいことではない、とも思えるのです。

私は、とても多くの子どもたちに会ってきました。そして、親が子どもの障がいを受け入れて、無理難題を押しつけなければ、子どもたちはおだやかに育っていきます。不幸になっている子はひとりもおりません。

逆に言うと、彼らがいきいきと生活している周囲には、必ず、よき理解者がいます。子どものために、道をあける、理解者です。

佐々木正美先生に聞きました 2

発達障がいの可能性があると診断されました。どうしたらよいのでしょうか？

「どうしたらよいの」。診断を受けた親の頭にまず浮かぶのは、このことば。「もしかしたら違うかもしれない」し、「療育を始めたら障がい者になってしまう」と不安をうったえる人もいます。どうしたらよいのかわからなくて、大量の本を読み、情報を集めたという人もたくさんいます。

生活のできることから無理せずに

できるだけ、ふつうの生活ができるように、必要なことから始めていかれたらよいのです。

偏食があるなら、その子が食べられるものをつくってあげる。食事は大切です。

肌触りがざらざらする服が着られない子もいます。

裏返さないと着られない、新品は着られない。

でしたら、何回も洗濯をしてヨレヨレにしてから着せてあげてください。そのうちに、裏返さなくても着られるようになります。

くれぐれも、無理は押しつけないでください。

偏食を心配して、食べられるように工夫されるのはよいのですが、無理矢理に食べさせる必要はまったくありません。多少無理をして、何かができるようになると、「発達した」と思う人がいますが、それは傷を残すことも多いのです。

この子たちがもっているもっとも重要な特性をひとつだけあげるとしたら、「物事を忘れることができずに、苦しんでいることだ」

そう言ったのは、何年か前に来日して、講演をされたアメリカ自閉症協会の理事をしていたチャールズ・ハートさんです。ご自身も自閉症の子どもの父親であり、自閉症の専門家である彼は、わが子だけでなく、たくさんの自閉症の人に会ってきて、しみじみと思うと言っていました。このことばを、みなさんにも覚えていて欲しいと思います。

診断名にこだわりすぎずに

障がいを理解するために、いろいろな本を読んだり、講座に出かけて勉強をされることはよいことです。しかし、あまり診断名に振りまわされないようになさって欲しいと思います。

発達障がいは、子どもが成長していくときに、なんらかの理由で心身の機能の発達が困難な状態にあることをいいます。広汎性発達障がいは、自閉症、高機能自閉症、アスペルガー障がい、注意欠陥多動性障がい（ＡＤＨＤ）、学習障がい（ＬＤ）などの総称です。

とはいっても、その程度や特徴はいろいろです。

なかでも自閉症は、健常者から重い自閉症までの間に、明快な境界があるわけではありません。その差が曖昧で光のスペクトルのようだから「自閉症スペクトラム」という言い方が、ひろまってきました。

実は、この概念を、発達障がい全体にひろげて、「発達障がいスペクトラム」という呼び方ができるのではないか、と私は思っています。自閉症だけでなくＡＤＨＤやＬＤなど、その状態は一人ひとり違いますが、みな共通しているところがあり、連続をしていますから……。

実際、たとえば、ある病院では「自閉症」と告げられたのに、別のところでは「ＡＤＨＤ」と診断されたといったケースは少なくありません。これは、複数の障がいをかかえているわけではありませんし、自閉症が治ったわけでもありません。連続している障がいのどの部分をどの角度から見ているかにすぎないと、私は思っています。

１９９６年にアムステルダムで開かれたシンポジウムで、私はこの提言をしたことがあります。「自閉症スペクトラムからさらにひろげて、発達障がいスペクトラム」ととらえてはどうか、と。

そのときの討論はずいぶんと活発になりました。

一般の子ども、あなたや私と、彼らの境界は曖昧です。その間は分断されているのではなく、連続しています。ですから、あまり診断名にこだわりすぎず、障がいの特性を理解して、子どもと接していただいたらよいと思います。

お父さんは家で二番目の自閉症

男の子に、自閉症について告げたお父さんのことを紹介しましょう。小学校入学直前に、子ども自身にきちんと告知をしたときの話です。

お父さんは、子どものよい面を一生懸命に探して、「パズルが上手だったね」「恐竜の名前は兄弟のだれよりも知っているね」と数えあげた後で、「でも鬼ごっこはおもしろくなかったでしょう」「かくれんぼうも興味がなかったね」と言いました。

「できなかった」「意味がわからない」といった否定的な言い方はしません。

「こういうことは上手だったね」「よく知っていたね」ということをたくさんあげました。

ふだんからそう思っているのですから、否定的に言わず、肯定的に伝えるのは、難しい

ことではありません。そして、

「こういう人を自閉症と言うのだよ」

と子どもに告げました。

「ふ～ん、僕って自閉症って言うの」

子どもがそう答えると、さらにお父さんはことばを続けました。

「うちで、一番自閉症が濃いのがあなた。お父さんは二番目に強い自閉症。一番自閉症がないのはお母さんだ」

こんな話を聞くと「わが家でもお父さんが……」と思い当たることはありませんか。でしたら、子どもが成長したときに、同じように話してはどうでしょうか。

現在は成人し、自活しているこの男の子は、自閉症のことを否定的に考えてはいません。家族が集まると「僕が一番自閉症は強くて、二番目がお父さん」と言います。よく覚えているのです。

親が障がいの肯定的な側面を大切にしてきたことが、よい結果を生んでいます。

今、子育てに取り組んでいるお母さん、お父さんも、子どもの肯定的な面を探して認め、無理をさせないで、子育てに取り組んで欲しいと思います。

第2章

不思議な世界

なぜ、雨が降ると怒るの？なぜ、ジャムばかり食べるの？理由が見つからない。

エミリちゃんは、雨が大きらいだ。雨が降ってくるとどこにいても怒り始め、かんしゃくを起こす。そのため、ママのまゆみさんはなるべく外出をさけている。

2歳上の兄・コウスケ君は暑さと湿度に過敏だ。遊びに行った先で天候が悪くなり雷が鳴ったときは、パニックを起こして暴れ出した。その日に着ていたのは露出が多いランニングシャツだったので、ママはTシャツを借りて着せ、パニックがおさまるのを待ったという。

兄妹はこだわりも強い。

たとえば、食べ物へのこだわり。ある期間同じ物ばかりを食べる。それはアジの干物だったり、ブルーベリージャムだったり……。大量に食べ続け、ストックが切れていると、パニックを起こす。

兄妹は、IQが高く、保健センターなどに相談しても「問題ありません」と言われ続けた。こだわりはわがまま、かんしゃくを止められないのは、子育てが悪いからだ、とママは親せきなどに責められたらしい。小学校の担任でさえ「わがまま」とレッテルを貼った。

これがママを二重に苦しめた。

存在の不安？

R君は、0歳のころから、ベビーカーから電車までタイヤがついている物が大好きだった。4歳のころには自動販売機が気になり始め、取り出し口を触って歩くようになった。小1の夏休みは、それが毎日の日課。最高記録は1日で86台！

ママのキタマ子さんは「トホホ」と言いつつも、笑って話をする。「こだわりをやめさせるのは難しい。人に迷惑をかけない限りつき合うしかないわ」と。

でも、なぜなのだろう。なぜ、こんな不思議な行動をするのだろうか。

かんしゃくを起こすのは衝動をコントロールする力が弱いから。では、こだわり行動にも理由があるのだろうか。

最近、アスペルガー障がいの大学生の話を聞いた。彼は何時間もブラームスのピアノ交響曲だけを弾き続けるのだそうだ。それが、やめられない。

彼は、自分の気持ちを自分で確認するためにカードをつくった。「イライラ」「うれしい」「悲しい」「怒り」というカードに混じって、「存在の不安」という1枚があった。

「僕がピアノを弾くときの気持ちは、これ」と言うのはそのカードだった。

ジャムを食べ続ける。列をつくる。水の流れを見つめる。そんな子どもたちに見えている世界は、不安なことだらけで、「安心」を得ようとしているのだろうか。

だとしたら「大丈夫、大丈夫」と、なんとか伝えてあげたい。（子育てネット）

子育てコミュ ⑤

「こだわり」というおばけ

●ラッキーは必ず起こる！

3〜6歳ごろに、〝一度あった好ましいことは、もう一度あるに違いない！〟という思い込みのこだわりがあった。〝今日は特別〟が通用しなかったので、絶対に出先でジュースなどは買えなかった。「ジュース!!」とパニックに陥って暴れたときには、子どもをラグビー抱きにして、死ぬ気でその場から逃走していた。

（AS／13歳男）

●電車へのこだわり

乗りたい車両（西武線5000系）にこだわりがあり、その車両じゃないと乗ってくれなかった。急いでいるときは大変だった。早めにホームに行き、希望の車両が来るまで何本も見送った。西武線に新型車両が出たときは、見かけるたびに通過時間と駅をメモしていた。

（軽度発達障がいの疑い／13歳男）

●引き戸の開け閉め

2歳で引き出しの開け閉め、3歳では引き戸の開け閉めにこだわっていた。どこのお宅に行っても、気になる引き出しや戸をずっと開けたり閉めたり。最近は、窓のカギが開けられるようになり、夏場、実家に預けるたびに、何か所も蚊に刺されてくる。

（PDD／3歳男）

●私にこだわる

私自身が息子のこだわりの対象だった。

息子にとって私は、ライナス(スヌーピーの友だち)の毛布で、言い替えると、便利な人。または、単に動く物体だったのだと思う。なので、便利な人から「大好きな人＝母」になるまでが、とてもたいへんだった。

(PDD/14歳男)

●トイレの水流し

5歳のときに「トイレの水流し」のこだわりがあった。外出しても、とにかくトイレばかり探し当て、水を流しては、流れる水をジーッと見ていた。これが始まると動こうとしないので、見ている時間を決めて「10数えたらおしまい」と言い聞かせていた。

(自閉症/12歳男)

●一直線で妥協を許さない!

石を並べる。おもちゃを並べる。家にある物もいろいろと並べていた。妥協を許さない一直線で、逆に感心したほど。母が、うっかりそれをけり倒して、適当に戻すと、自分でやり直した。順番もきちんと決まっていたらしい。また、同じ絵をたくさん描くのもこだわりだった。

(自閉症/12歳男)

●うがいの回数

3、4歳のころのこと。寝る前のはみがきで、うがいの回数が決まっていて、間違えると、やり直しをさせられた。また、当時3階に住んでいたが、階段の途中で靴が脱げると、玄関からすべてやり直していた。

(AS/11歳男)

●タオルはオレンジ

まずは白いごはん。7歳ぐらいまでカレーがごはんにつくのを嫌がり、別盛りにしていた。0歳から現在まで続いているこだわりは、タオルはオレンジ色ということ。いつもにおいをかいでいる。はじめての場所に行き、ちょっとパニクッても、オレンジ色のタオルがあると、落ち着いていられる。

(高機能自閉症/9歳女)

子育てコミュ⑤

「こだわり」というおばけ

スケジュールにこだわる

こだわりは3歳ぐらいが一番ひどかったような気がする。特に生活習慣の順番にこだわっていた。熱があっても「お風呂に入る！」と決め、お風呂の前から動かず、なだめるのに私は頭がおかしくなりそうだった。一方、〝はみがき〟〝着替え〟〝寝る時間〟など毎日しないといけないことは、1回教えると続けてくれるので、兄よりスムーズに覚えられた。

（PDD／7歳男）

返事を聞くまでは

こだわりは数々あるが、「返事をもとめる」のもこだわりだった。私は話しかけられたことに、必ず返事をしなければならず、疲れた……。

（AS／13歳男）

こだわりの進化

1歳で駅の自動改札にハマり、いつも行きたがった。朝、パパを起こし、身振り手振りで自動改札に行きたいことを示し、駅へ一緒に行って、定期で何度も出入りした。パパの帰宅時間にも駅へ行った。2、3歳になると、今度は道路に書いてある「止まれ」の文字にハマった。「止まれ」「とまれ」、色が青、白などの違いがあり、いつも見たがった。4、5歳では、地下鉄の車両の違いをホームで研究していた。

（軽度発達障がいの疑い／13歳男）

狭い場所

狭いところが大好きだった。幼稚園で箱

の中に入っていて見つからず「いない！」と大騒ぎになったことがあったほど。でも、狭い箱の中に入っていると落ち着き、教室から逃走しないので、幼稚園や小学校へ、家から電化製品の大箱を持って行っていた。

（ADHD／13歳男）

●黄色は僕の色

小2までは、黄色にこだわった。Tシャツ、コップ、かばんなど、何でも黄色だった。

（PDD／14歳男）

●宿題は忘れない！

こだわりは10歳になってからのほうが顕著になったと思う。1週間や1日の流れ、誰と学校に行くか、ゲームの時間、パソコンの時間……。自分の中でたくさんの決まりがあるので、それと違うことが起こるとパニックになった。宿題を学校から出してもらうことで、帰宅後の予定を組んでいるが、必ず宿題のプリントが終わらないと遊べない……、と本人がこだわっているので、宿題を忘れることはない。

（自閉症／10歳男）

●空欄はありえない

学校で国語のノートをとるときに、空欄はありえないらしく「空きます」と書いたり、×をつけたりしていた。また、「早寝、早起き、朝ごはん」など、体によい、健康によいことは、自ら実践していた。標語は正しいことなので、息子の中では○なのだ。本当にまじめなよいやつだ。

（PDD／12歳男）

●ママの手以外はダメ！

食べ物へのこだわりが強く、おにぎりは、私がにぎったものしか食べなかった。

（ディスレクシア／12歳男）

●ママたち並べ

物を並べることにこだわっていた。公園ではママたちまで並べていた。

（自閉症／11歳男）

天才かもしれない！　でも、ただのあなたで十分だからね。

「ママ」と言うより早く、エレベーターのボタンの数字を見て「アーアー」と言い始めたコウは、1歳のときにひとりで数字を書く練習を始めた。2歳で九九とかけ算を覚え、3歳で割り算、4歳で分数、小1のときは、因数分解の問題まで解いてしまった。

「すごーい！　将来は数学者ね」

まわりでそう言ってくれる人がいた。私たち夫婦も「天才かも」と思ったことがある。ぬか喜びだったけれど……。

3歳ぐらいになると、コウの問題行動が目立ち始め、やがてアスペルガー障がいと診断された。

それを受け止めるのは容易なことではなかった。大量の本を買い込んで勉強をした。あまりに知識ばかりが増えたので、療育センターで「本に頼りすぎですよ」と注意されたほどだ。でも、当時の私にはそれが必要だった。コウの世界を理解するために私の頭の中を知識でいっぱいにして、それからいらないものを捨てていった。「天才」ということばも捨てたもののひとつかな。

もし、コウに非凡な才能があり、それを伸ばしていけたらすばらしいと思う。でも、そうでなくてもいい。ただのあなたでいいから、と今は思っている。

静かに八つ当たり

ネットでアスペについての記事を読んでいたら、夫が「これって、あんたのことじゃない」だって……。夫婦で笑った。本当にそう。何かあると、カッとなるところは、私も同じだったから。

そんな夫とは、子育てについてたくさん相談し合ってきた。もしかしたら、それが夫と私の絆を深くしているのかもしれない。

アスペルガー障がいという診断名と向き合って9年になる。それを受け入れられたかというとまだまだだと思う。

特に、コウがかんしゃくを起こすと、クールダウンを待つ前に私はつい、あれこれ言ってしまう。すると、彼は腹いせ行動をする。壁をけったり、自転車を倒したり……。でも、先日はおかしかった。

例によってカッとして、階下に下りていったのに、物に当たる音がまったくしないのだ。しばらくして部屋をのぞくと、ベッドもいすもひっくり返されていた。

どうやら、私に迷惑をかけるし、こわれたらどうしようと思い、そっと音がしないように、物に八つ当たりをしたらしい。成長している。

でも、それでストレスは発散できたのだろうか。ユニークで、いまだにびっくりさせられる。そんなところは、確かに天才かもしれない。（まめぞう）

子育てコミュ⑥

発達の凸凹の凸

●独学で遠近法

最初に教えた絵は「ドラえもんの絵描き歌」だった。わりと早く習得でき、家の壁紙など、どこにでも描いた。次第に自分でアレンジして絵を描くようになり、教えなくても、目に入ってくるキャラクターを記憶で描くようになった。小学校に入ると、立体的な絵も描けるようになり、遠近法まで使っていて、感心した。

（自閉症／12歳男）

●瞬時にピースが置ける！

2歳ごろから200ピースぐらいのパズルができる。しかも、ひとつのピースを手にした瞬間、正しい場所にはめ込んでいく。これには驚いた。

（発達障がいの疑い／8歳男）

●英語の発音はネイティブ

英語の単語を、音の出る絵本で覚えた。通園の給食中「ミルク」「ライス」とみんなの前で英語を披露し、「天才かも!!」と思った。最近では、体の部位や、果物などを覚えて使っている。文字が読めないので、音から覚えているため、発音はネイティブ並みだ（笑）。（PDD／3歳男）

●パソコンで計算まで習得

それまでかたくなに鉛筆をにぎらなかった息子が、4歳で手にした「アンパンマンのパソコン」というおもちゃで、あっという間にひらがな、数、アルファベット、ついには、簡単な足し算引き算まで覚えてしまった。「天才に違いない」と思った。

（PDD／8歳男）

初見でダンス

入院で幼稚園をしばらく休み、休み明け当日がスポーツ大会ということがあった。みんなでダンスをする場面では、一度も教わっていないダンスを、友だちのまねをしながら、まったく違和感なくやってのけた。

（PDD／11歳女）

人間ナビ

一度行った場所はだいたい覚えてしまうらしい。方向感覚、位置、地図が得意。いつも人間ナビ的な役目をしてくれて、とても助かる。

（PDD／12歳男）

音楽の感性

私がストレス解消に歌を、それも『おかあさんといっしょ』を鼻歌で、音がずれていても楽しげに歌っていたら、息子のほうが早く覚えるようになり、感情表現が上手になった。数ある「歌のコンサート」やCDの歌の順番を全部覚えて、歌えたときにはすごい！ と思った。

（PDD／14歳男）

記憶が得意

暗記そのものはバッチリ！ 旅行に行った日付や、ポケモンの名前はすべて覚えている。

（高機能自閉症／9歳女）

歩くシステム手帳

何年も前のことをずっと覚えている。なので私の代わりに、いろいろ覚えておいて欲しいことを伝えておくと、いつも忘れずに知らせてくれる。歩くシステム手帳だ。

（PDD／9歳男）

漢字検定に合格！

ひらがなは1文字ずつ教え、数は数えることから始め、最初は苦労した。ことば

子育てコミュ ⑥ 発達の凸凹の凸

は出なくとも、どんどん勉強が理解できるようになり、私も楽しくなっていった。漢字は検定を受けることを目標にがんばると、７級まで合格し、現在は６級を目指している。（ＰＤＤ／12歳女）

●説明書なしで完成

レゴなどブロックが得意。プラモデルは説明書がいらない。電車のクラフトは、白い紙からつくる。（ＰＤＤ／10歳男）

●色の魔術師

絵を描くときに、とても素敵な色合わせをする。また、洋服のセンスもよく、この服にはこのくつと、コーディネートをよく考えている。（高機能自閉症／９歳女）

●図が読みとれる

細かい作業が得意かなと思い、専門店へ行きビーズのキットを買い与えた。すると、図を見ながら雪だるまを完成させた。字は読めないけど、図は読みとれる！

と興奮した。（ディスレクシア／12歳男）

●完璧な記憶

家で読み聞かせていた本が、学校の教科書に出てきた。本文中の言いまわしのごく一部が、うちにある本と違っていたことに息子が気づいたときは驚いた！　記憶は完璧。

（非言語性学習障がい／14歳男）

●カメラアイ

車に乗っているときに、通りすがりの看板を一度見ただけなのに、うちで本物そっくりの看板の絵を描いていた。そのできは、天才じゃないか！　と思った。

（ＰＤＤ／12歳男）

●ドアの記憶

2、3歳のとき、ホテルに泊まった。同じドアがたくさんあるのに、自分が泊まる部屋を１回見ただけで覚えていた。

（非定型自閉症／11歳男）

●古代生物博士

「ダンクレオステウス班にしたかったのに！」保育園からの帰り道、泣きながら話していた。班の名前決めで、みんなともめたと言う。これは古生代デボン紀後期に北アメリカに生息していた巨大魚の名前。それを知っている園児がほかにいるわけがない……（笑）。次の日、あきらめきれずに古生代の図鑑を片手にみんなを説得。熱い思いが伝わったのか、願いは叶った。

（PDD／12歳男）

●まるでピカソ

絵の宿題があり、指定された色とは、違う色を塗っていたことから、息子の中度の色弱が見つかった。それでも絵を描くことが大好きだった。今も大人顔負けの緻密なすごい絵を描いている。まるでピカソと思うような絵で、学校でも評価してもらっている。手芸なども、かなり細かい部分まで念入りに時間をかけて制作する。ただ提出期限が守れないことが、玉にきずだ。

（高機能自閉症／14歳男）

●記憶は興味が決め手

2歳でトーマスの絵本を丸暗記し、せりふの場面で声を合わせて言った。3歳で文字、数字を覚えた。年中で携帯の操作を覚え、小学校に入るとコンピュータを使い始めた。今はプログラミングで遊んでいる。興味があることは、瞬間的に覚えられるらしい。

（ADHD／12歳男）

●運動神経

段階を踏まずに思い切って自転車の補助輪をはずしたところ、なんとすぐに乗れてしまった。

（PDD／12歳男）

音の洪水の中で生きている。音におびえている。洪水を泳ぐ方法を探した。

療育センターに通い始めて半年がたったある日のこと、突然、息子のケイがおびえた表情で、教室から脱走した。あわてて後を追いかけると、犬がしっぽを丸めるように、男の子の大事なところを手で押さえながらおびえていた。

それから、ケイは教室に入ることも、近づくこともできなくなった。

このとき私は、なぜこんなことが起こったのかが、まったくわからなかった。それまでは笑顔で楽しそうにセンターへ通っていたのに、その日から、粘土や切り絵、そして給食さえも、廊下で行わなければならなかった。

「何が怖いの？　教えて……」

先生とは何度も原因を話し合ったが、これという答えは見つからない。教室を飛び出して行ったときのようすを見ていた副担任は「壁の時計を見て、おびえていたようだ」と、時計にきれいな色紙を貼り、数字の脇には大好きな新幹線の写真を飾り、怖がらないようにと配慮をしてくれた。

原因は耳掃除

この事件の前日、私たちはひとつだけいつもと違う行動をとっていた。耳鼻科へ行っていたのだ。

そこで、ケイは、「嫌だー！」と暴れ、3人がかりで押さえつけている医師や看護師の腹を何度もけ飛ばした。

「すみません。本当にすみません」

私は何度も謝ったが、医師は痛くて腹を立てていたのだろう。ケイから取った耳あかを私に投げつけて言った。

「こんなにしつけがなっていない子は、はじめてだ！」

この話をすると、作業療法士はいすから身を乗り出し、「耳栓になっていた耳あかが取れ、突然聞こえるようになったんじゃないかな」

「それで、今までより音が大きく聞こえたのね」と言語聴覚士。保育士は、「そういえば、隣で大規模な工事が始まり、ダンプカーが行き来していたわ」

みんなの意見は「突然の大きな音に、驚いて教室を飛び出した」という考えにいきついた。私にはピンとこなかったけれど、もうほかに考えられる理由がなかったので、信じることにした。

パニックの原因は音

思い起こすと、音を怖がっていると思われるシーンはたくさんあった。パニックも、泣き出す前にさかのぼると、大きな音がしていたような気がするし、掃除機やフードプロセッサーは見ただけで怖がっていた。コンビニやデパートなど人が大勢いる場所へ行くと、必ず床にひっくり返って泣いた。

怖がるのは「大きな音」だけではなかった。たくさんの音が交差する場所や人混み、わずかに聞こえる小さな音にも反応していた。

音におびえる日々は、私が聴覚過敏についての知識を少しずつ積み重ね、音を一緒に感じとれるようになるにつれ、少しずつ変化していった。

「ダンプカーの音はダダダダーンだね」

音が聞こえるたびに、私はこの音は何の音だと、音と物の関係を繰り返し話した。

大人だって、理由が説明できない音を心霊現象などと呼び、恐れる。でも、音源がわかればなんてことはない。ケイの場合、想像力の貧弱さが、それを難しくしていたのかもしれない。

音の渦から子どもを救う

小学校へ入学してからも、聴覚過敏は、ケイを困らせた。

学校に特別支援をお願いするために同行した心理カウンセラーは、担任の先生に大音量のハードロックをかけ「彼の感覚では、このような音の中で授業を受けていると考えてください」と説明した。

人には感じられない音域の音が聞こえたり、人より大きく聞こえる音があったり、聞こえない音があったりするらしい。それらの音がいっぺんに耳に入ってくるので、授業に集中ができないのだとも言っていた。一見シーンとしている教室には、たくさんの音が存在している。いすを引く音、えんぴつで書く音。校庭からは号令が……。

ケイは音楽などの授業は、耳を餃子に

しながら、ほかの教室へ避難。運動会では耳栓をして1日を過ごした。

安心で満たされると進み出す

音にまつわる出来事は、たくさんあった。そのたびに不安を取り除く作業を行ってきた。

心理学者マズローは、人間は安全、安心が満たされてはじめて、コミュニケーションをもとめ、そのうえで何かを知りたいという知的欲求が起こると言ったそうだ。

ずっと続くのかと思えた音との戦いだったが、小6の運動会の前日、「もう耳栓はいらない」と言うと、運動会では、最後までクリアできなかった、ピストルの音にひるむことなく、100メートル走のスタートを切った。安心の土台ができつつあるのだと思った。

（有楽町）

子育てコミュ ⑦

感覚過敏

●トイレトレーニング

アヒルのオマルには、おしっこをするのに、トイレではできなかった。トイレをピッカピカに掃除し、大好きな電車のポスターを貼り、アンパンマンの音楽をかけた。でも、できない。壁紙に怖いシミもない。換気扇はオフ。においもない。トイレの下をはいつくばってチェックした。ウォシュレットの便座の電源を発見し、コンセントを引き抜いた。すると息子は何ごともなかったかのように、おしっこをした。便座から聞こえてくる、かすかなモーター音が怖かったようだ。

(ADHD/12歳男)

●爪切りで脂汗

爪を切る、髪を切ることがきらいだった。だから、爪を切るのも、本人が脂汗をかくほど緊張していた。シャンプーは何日かに分けて、お風呂場で「10カウントだけね」と、ゆっくり10数えて、その間だけ我慢するやり方をしていた。そのうち50までになり、次は100になった。今は、カウントなしだ!(自閉症/12歳男)

●乾いていたい

天気予報で雨の日とわかると泣いていた。ちょっとでもぬれるとパニックになり、下着を替えるのがたいへんだった。解決策は、雨のち晴れの天気予報を見せて、見通しをもたせること。雨の日は乾きやすい服を着せ、大きいかさに一緒に入った。

（自閉症／12歳男）

●つぶつぶが怖い

すかし模様や写真、ごはんつぶがきらいだった。それでもごはんは、ふりかけをかけたり、おにぎりにすると食べられた。また、クローゼットの中のごちゃごちゃした感じもきらいらしい。

（PDD／12歳女）

●くさい！

においに敏感。駅などの公共の場に行くと「くさい、くさい」と大声で言う。

（PDD／10歳男）

●足を触らないで

区が企画した水泳教室に参加したとき、突然、先生に足をつかまれて指導された。大パニックを起こし、その後しばらく、そのプールには行けなかった……。

（PDD／12歳男）

●ゆで野菜のお湯のにおい

一番敏感なのがにおい。ゆで野菜のお湯や油のこげ、灯油、蚊取り線香、雨上がりの草木のにおいなどがNG。

（PDD／14歳男）

●水のソムリエ

4～6歳のころ、水の味に敏感だった。ラベルを見ずに、ペットボトルの水を飲み、ブランドを言い当てるほどだった。

（PDD／14歳男）

●ドライヤーの音

基本的には、掃除機、ドライヤーなどの音が乳児期から今なお苦手。掃除機やドライヤーを使うときは、「使うよ」と言うと、あわててドアを閉めて、別の部屋に移動する。

（PDD／3歳男）

●感覚が鈍い

痛感覚や寒暖感覚が鈍い。成長とともに

子育てコミュ⑦ 感覚過敏

感じ方がよくなりつつあるが、今でも汗はかきにくいかな。40度の発熱があっても本人は平気なので、深夜の救急病院で走りまわり、受診を後まわしにされたこともある（苦笑）。（PDD／8歳男）

●暑い寒いが痛い

暑いのも寒いのも苦手。暑いのも寒いのも肌が痛いと感じるらしい。半袖や長袖に服が替わる、季節の変わり目も苦手だ。扇風機の風も苦手。また、写真のフラッシュなど、まぶしいものも苦手。運動場と体育館で流れる校内放送も苦手だ。（自閉症／13歳男）

●耳をふさいで～

雷が苦手で、鳴りそうなときは、トイレに行くときも「耳をふさいで～」と頼まれた。一度、ほかのことに気を取られて、鳴っていることに気づかなかったことがあり、「雷大丈夫だったね～。すごいね～！」と伝えたら、なんか自信がついたらしく、以前よりは怖がらなくなった。でも、ストレスが多いときは、不安定になりやすい。（高機能自閉症・ADHD／9歳男）

●赤ちゃんの泣き声

赤ちゃんの泣き声が苦手で、聞こえてくると落ち着かなくなる。「赤ちゃんにはお母さんがついているから大丈夫だよ」と言い、安心させていた。（自閉症／11歳男）

●つま先歩き

2歳からつま先歩きをしていた。でも当時はそれが、障がいの特徴という知識がなかったので、ただただ「かわいい～♥」と能天気だった。（自閉症／12歳男）

●目に不快なもの

目に不快なものがあるようだ。番組終わりの〝テロップ〟がおきらいらしく、流れるたびに雑誌などでテレビの画面をふさいでいた（爆笑）。（PDD／8歳男）

●かかとの位置が問題

くつ下のつま先が、少しでもずれたり、かかとの位置がうまくいかなかったりすると、気持ち悪がって、何度も何度もやり直し、いつも時間がかかった。

（軽度発達障がいの疑い／13歳男）

●耳掃除も目薬も恐怖

耳掃除はできない。目薬も恐怖を感じるらしい。体育の組体操で、人と接触するのが苦手で、ふざけていると思われたこともある。

（PDD／12歳男）

●電車は好きでもチャイムは嫌

電車が見たくて駅から帰りたがらない。でも、ホームに流れるチャイムと音楽がきらいで、両耳を手でふさいでいる。

（PDD／3歳男）

●着替えが大変

2～5歳半ぐらいまで、皮膚の過敏があり、着替え、衣替えがとてもたいへんだった。園の運動会では、体操の半ズボンが嫌だと大泣きされ、とても困った。やっとの思いで着替えさせ、園に連れて行ったら、今度はくつ下とくつを脱ぐことになり、パニックになった!!　その日は運動会が始まってもずっと泣いていた。

（PDD／7歳男）

●音で昼夜逆転に

苦手なのは換気扇、掃除機、炊飯器、電子レンジ、電話、テレビのコマーシャル、車、自転車のブレーキ、サイレン、トイレの音など。特に風呂水の流れる音が苦手だった。これらの生活音が、息子の睡眠を浅くし、乳児期は昼夜が逆転、まとまって寝られなかった。

（PDD／14歳男）

一緒にやり直そう。生まれてよかった、と思えるように。

「ママ、今日、お地蔵さんの頭をたくさんなでてきたよ」

その日、ウサは学校の「まち探検」で、頭をなでるとお利口さんになるといわれているお地蔵さんを訪ねたらしい。

でも、次のことばに私は凍りついた。

「僕はバカだから死んじゃって、今度、生まれてきたら、きっと頭がよくなるからね」

えっ！　それは、小さくてやさしいウサの心の叫びだった。どうしよう。

ひらがなが苦手

ウサは、幼いころはよく泣いたが、抱けば泣きやんだし、駄々をこねたこともない。ただ、不思議なことに絵本を読んであげようとするとプイと横を向き、テレビにも興味を示さなかった。

幼稚園に行けなくなったときは、いつも私のそばにいて、一緒に買い物に行き、クッキーを焼き、一日を過ごした。登園できなくなった理由は、友だちとトラブルがあり、そのとき、「ごめんなさい」が言えずに先生に叱られたこと。ウサは自分のことを説明できず、ただ泣くだけ。先生にはそれがわからなかった。

「ディスレクシア（識字障がい）」だとわかったのは、小学校入学後だった。ひらがながまったく覚えられず、「氷」の「こ」と「かきくけこ」の「こ」が同じ字だということが理解できない。

ＩＱは普通なのに、文字に関してだけ、際だって学習が進まないのだ。

まわりに同じような子どもはおらず、私は本を読んで障がいを理解し、文字を教えようとした。塾にも通わせた。けれど、やり残してしまったことがある。

それは、ウサをそのまま普通学級に通わせ続けたことだ。

素直な彼は、静かに教室のいすに座って授業を受け続けていた。なんの問題も起こさない。けれど、黒板に書かれた文字すらわからずに、教室にいることは、どれほどつらいことだっただろうか。

「僕はバカだから」と否定的な気持ちになることはさけられなかったろう。

「ごめんね」

私は、心の中でわびた。そしてその日、支援学級に変わることに決めた。

それから、ウサの将来について、よく考えるようになった。どうしたら将来、仕事につけるだろうか。どうしたら楽しく生きていけるだろうか、と。

ウサは、文字は苦手だが、図は正確に早く理解する。手芸キットを与えると、何時間でも飽きずに手を動かしてびっくりするほど精巧で美しい作品をつくる。この能力をなんとか本人の自信に結びつけたい。ウサが「生まれてよかった」と思えることが、私の目標になった。（こっこ）

子育てコミュ❽

ママの応急手当術

●1日に何度もパニック！

パニックを起こす前とその後の子どもと私の行動や交わしたことばをすべて書き出した。すると、問題点が見えてきて、子どもは何に怒っているのか、何を回避したかったのかが少しずつわかるようになった。原因がわかると、パニックは少しずつ減っていった。（ADHD／12歳男）

●介助を認めてくれない

個人的に介助をつけたいと、幼稚園に願い出ると「同じような問題のある子どもとの差別になるから」と断られた。結果、転園することにした。次の幼稚園では快く認めてくれたので、楽しく通うことができた。

（高機能自閉症／12歳女）

●帰宅後の混乱

まるで家庭内暴力の状態に！　園でがんばりすぎる分（優等生）、家に帰るとテンションが上下するので、本人も家族も困惑して、グダグダになっていた。私は息子の話をひたすら聞き、意見は短くし、工夫して伝える努力をしていた。

（PDD／14歳男）

●ごはんとみそ汁しか食べない

成長とともに味覚も変わるだろうと信じ、無理はしなかった。本当にそうなった。

（自閉症／12歳男）

●オウム返し

オウム返しにならない質問に変えた。「お茶飲む？」ではなく「お茶飲む人！」と聞くと「はーい！」と手をあげて答えてくれる。

（非定型自閉症／3歳男）

●行き先を勝手に決める

自分で決めた場所に行かないと怒り狂うので、先に行き場所のカードやレシートのマークを見せて、行く順番を伝えてから出かけた。

（PDD／8歳男）

●夢でパニック

5歳ごろ、長いと2時間くらい泣いていた。「夢だから大丈夫」と話しかけたり、抱っこしたりしていた。夢と現実の違いが、この子には認識できていないのだと思えた。

（AS／12歳男）

●誤学習をする

最初にものごとを覚えるときに、間違った情報を勝手にインプットしてしまうことがあった。そうなると修正に時間がかかるので、何ごとも最初を大事にしていた。

（ADHD／11歳男）

●部屋中にうんち

玄関でうんちをしていたのを注意しなかった。すると、うんちを「部屋でするもの」と誤学習してしまったらしい。部屋や壁、ベッドを毎日のように汚された。私も困り果て、叱ると、やがて子どもは隠れてするようになった。試行錯誤の末、見える景色を変えてみた。すべての部屋の床中に新聞紙を敷き詰めた。そうしているうちに、トイレですることを覚え、部屋ではしなくなった。

（ADHD／12歳男）

●切り替えられない

遊び時間が終了する5分前からタイマーをかけた。「0になったらおしまいね」と先に声がけをすると、切り替えられた。

（自閉症／12歳男）

子育てコミュ⑧ ママの応急手当術

●偏食

はじめての食べ物には口を開けないので、偶然をよそおい、口に入れた。味がわかれば、2回目からは口を開けて食べてくれた。

（自閉症／12歳男）

●パニック

パニックは落ち着くまでひたすら待った。あまり声をかけないほうが、早く落ち着くようだった。

（自閉症／13歳男）

●はじめてのことは暴れて拒否

今から何を始めるのか、目的は何か、何を達成するのかを書き、繰り返し読ませた。これがわかると落ち着くようだった。感情のやり取りは伝わりにくかったが、大声をあげたりすることはなくなった。

（PDD／14歳男）

●多動が止まらない

あまりに多動がひどかったので、病院で薬を処方してもらったら、ある程度落ち着いてくれた。

（ADHD／13歳男）

●買い物ができない

手を離すと、すぐに迷子になるし、気に入らないと床にひっくり返り泣き叫ぶ。頭を床に打ちつけ、棚の商品を勝手に開けて食べた。買い物は私だけですることをあきらめ、なるべく夫がいる日にするようにしていた。

（ADHD／12歳男）

●公共の場で戸の開け閉め

抱っこしてその場から引き戻した。が、すぐにもとの場に戻って開け閉めを続けるので、家に連れて帰るしかなかった。

（自閉症／6歳男）

●電車に乗らない

電車の音を嫌がり乗らなかったので、ホームのガラス張りの待合室で、電車が通るようすを見て、耳を慣らしてから乗った。

（PDD／6歳男）

●歩かない

歩けるようになっても、すぐにおんぶをもとめてきた。それではいけないと思い、ベビーカーを止め、「おんぶは10歩だけね」と歩く機会を増やしていった。

（自閉症／9歳男）

●行方不明になる

6歳で自立心が芽ばえると頻繁に行方不明になったので、セコムのGPSシステムに加入。端末をかばんやランドセル、ズボンに装着した。

（自閉症／13歳男）

●園から逃げ出す

園のいすに自分のマークをつけ、席を決めた。困ったときは逃げるのではなく、ことばやカードなどでヘルプを出すことを教えた。

（PDD／9歳男）

●タオルが離せない

独自の決まりごとをつくった。いつも離さず持っていたタオルは、無理に離さず、保育園はNG、家はOKと、ダメな場所とよい場所を設定した。

（高機能自閉症／9歳女）

●友だちにかみつく

保育園では、介助をつけてもらった。トラブルがあったときは、先生と別室に行き、気持ちを落ち着かせてから、教室に戻るようにしていた。（PDD／12歳男）

●行事や温度変化で発熱

よく体調を崩した。投薬を開始すると、よくなったり、悪くなったりを繰り返しながら、少しずつ改善した。一方的だがことばも急に上達した。（PDD／14歳男）

●座っていられない

着席している友だちと教室全体を遠くから見せた。すると、自分のいるべき場所を理解し、座るようになった。

（PDD／6歳男）

佐々木正美
先生に
聞きました

3

「かんしゃく」と「こだわり」どうしたらやめさせられるのでしょうか？

こだわり行動が始まってしまうと、それをやめさせる方法がありません。そのために、行くべきところに行けない、やるべきことができない……。かんしゃくを起こした子をかかえてその場から逃げるようにしています。

禁止しても、やめられません

お母さんたちの経験からもおわかりのとおり、こだわりやかんしゃくは「やめなさい」と言っても、やめさせることはできません。むしろ、禁止すればするほど、こだわりは強まり、かんしゃくは激しくなると感じておられると思います。

こうした行動を、私たちは意味がない病的なものとして片づけてしまいがちですが、それは無理解な態度です。こだわりにしてもかんしゃくにしても、子どもたちなりの理由があるのです。

たとえば、戸の開け閉めは、その子にとっては、物があるべき場所におさまるという整合性が魅力なのかもしれないし、戸が閉まったときのカタンという音や感触が好きなのかもしれません。

引き戸の開け閉めを何時間も続ける子どもにとっては、引き戸は、アルコール依存症患者にとってのお酒のようなもの。「飲むな」と言いながら、目の前にお酒のびんを置いているような状況になっていませんか。

それは、子どもたちにとっては過酷です。

こだわりに関しては、それが危険な行為である場合や、他人に迷惑をかける問題行動である場合を除いて、ある程度は認めたうえで、上手にほかのことに関心を誘導してあげるとよいでしょう。

「10数えたらやめようね」「明日にしようね」という方法は試されている方も多いことでしょうが、そんなふうに臨機応変に対応しながら、関心をそらし、ほかのよい習慣のほうを身につけるようになさってください。

こつこつと少しずつ、よい習慣に導いてあげてください。

大好きな場所をクールダウンの空間に

ご質問のように、外出先で子どもがかんしゃくを起こしてしまったら、子どもをかかえてその場から立ち去るというのは、ある意味で正しい行動です。奇声を張りあげ、泣きさけび始めたら、なだめても、もちろん叱っても、かんしゃくはおさまりません。

静かに落ち着ける場所を探して、本人がクールダウンするのを待つことがよいのです。

家の中や幼稚園・保育園などでは、本人が大好きな空間を、クールダウンの場所に決めてあげるとよいと思います。ひとりで落ち着ける、ホッとする場所です。

かんしゃくを起こされると、なすすべがなくて、お母さんたちはつらい思いをされますね。外出先で「わがままな子どもだ」とか「何とかしろ」と非難されるだけでなく、身近な人から「過保護だ」と言われることもあるようです。

しかし、かんしゃくを起こしている本人もつらいのです。不快感や怒りの気持ちをコントロールできずに、日々苦しんでいます。

ですから、「どうしたらかんしゃくがおさまるのか」ではなく、「かんしゃくを起こした動機はなんだろう」と考えてください。

やめさせよう我慢させようという発想ではなくて、かんしゃくが起きる原因を探り、できるだけかんしゃくを起こす場面をつくらないように心がけるというのが大切です。

気遣い不要になった男の子

「最近、うちの子がかんしゃくを起こすところをまったく見ませんね」

ある人が、そのことに気づいて「どうしてだろう」とご家族で話し合ったそうです。

幼いころは、青筋を立てて怒りを爆発させて、周囲を困らせることも多かった子どもですが、その家族は、その子を怒らせないように、悲しませないようにという気遣いを長年してきました。

洋服のゴワゴワがきらいだったので、新品は何回も洗濯をしてヨレヨレにしてから着せる。好きな物を食べることは、本人にとっては数少ない楽しみのひとつですから、偏食を直そうとはしませんでした。子どもが過ごしやすいように、幼稚園の保育士さんや学校の先生にも、いろいろな提案をしてきました。勉強もていねいに見てあげて、その子が理解しやすく、絵やわかりやすい説明に置き換えて教えました。そうやって、数々の気遣いをしていたら、いつの間にか、気遣いなどしなくても、子どもは腹を立てなくなっていたのです。

これは過保護ではありません。

過ごしやすい環境を整えるのは、甘やかしているのとはまったく違います。

目の不自由な人の手をとって歩いたり、点字ブロックなどの手がかりを設置するのと同じことです。発達障がいは、やはり障がいなのです。その障がいを乗り越えて生きやすくなるように、手を貸し、協力することをたいせつにして、子育てをしてください。

消えていたカード

私は、1982年に「ティーチ（TEACCH）」に出会いました。ティーチは、日本語に訳せば「自閉症および関連するコミュニケーション障がいの子どもへの対応と教育」となります。ノースカロライナ大学医学部のエリック・ショプラー先生によって始められた療育プログラムであり、今では世界中で実践されています。

実は、当時、いろいろ試行錯誤しながらも、自閉症児の療育に優れた成果を上げることができずにいた私にとっては、そのプログラムは目からウロコの内容でした。

その基本は、自閉症の人が必要としている配慮をすることであり、一人ひとりに合わせて生活しやすい環境を整えてあげることにあります。ですから、訪問したノースカロライナの学校には、子どもたちが安心してこもっていられるクールダウンルームがありました。また、戸外で子どもがパニックを起こすと、保護者が「この子は……」と周囲に示して理解をもとめるカードがありました。すると、周囲の人は静かに見守ってくれるのです。

その後、何回か、ノースカロライナを訪れていますが、最近は、このカードをまったく見かけません。カードだけでなくパニックを起こしている子どもを見ることが、ほとんどないのです。家庭や学校だけでなく、地域社会や職場など、さまざま場所で、自閉症の人が無理なく活動できるように配慮し、環境づくりの努力をしてきた四十何年間の成果なのだと思います。

わたしたちの社会も、かんしゃくを起こさないように環境を整え、子どもたちを傷つけずに穏やかな時間が過ごせるようにしていきたいと思います。

佐々木正美先生に聞きました 4

「しつけ」はどのようにしたらよいのでしょうか？

スーパーの棚からお菓子を取って食べてしまう子ども。よい、悪いをしつけないと、周囲に迷惑をかけてしまいます。「これは障がいだからしかたがない」ではすまされないことがたくさんあります。どうやってしつけをしたらよいのでしょうか。

「ダメ」ではなくて「イエス」を教える

私自身は「しつけ」ということばをほとんど使ってきませんでした。「しつけをする」という場合、多くは「～をしてはいけない」「これはダメ」という否定のことばを口にしていることが多い。叱りながら否定的に言っていませんか。

でも、「～をしてはいけない」と言われても、子どもはどうしたらよいのかがわかりません。途方に暮れてしまいます。

そこには「こうしたらよい」というメッセージがないからです。

発達障がいの子どもの多くは、具体的なことや規則的なことを理解する能力が高いのに、想像力を働かせることは不得意です。今、この場で自分は何をしたらよいのか、どんな規則や約束があるかを理解するには、想像力が必要です。

「~してはいけない」と言われたとき、想像力が働けば、過去の経験や場面を思い出して、総合的に考えて、やるべきことを見つけます。「後ろを見てはいけない」と言われたら、「前を見ていればいい」とわかります。「おもちゃを取ったら相手がどう思うか」も想像力があれば考えることができます。けれど、想像力がはたらきにくいとどうしてよいかわからず、混乱してしまうのです。

ですから、肯定的に「こうしなさい」とおっしゃってください。

スーパーの棚から勝手にお菓子を取って食べてしまうお子さんには、たとえば、家を出る前に「今日はお菓子はひとつだけ買います」「ふたつ買います」と約束をしてはどうですか。

子どもたちは約束って好きです。理解できればよく守ります。

「お店の中で食べてはいけない」とは言わず、「お店を出たら食べる」と言ってあげる。

どうしても、否定的に言わなくてはいけないことはありますが、可能な限り、肯定的なことばに置き換えられたらいいですね。

「ここではダメ」ではなく「ここで○○をする」と、その子が安心してやってくれることに置き換える。何がイエスなのかを教えてください。

「ごめんなさい」は親がお手本に

親がお手本を見せるということも、肯定的に伝えるのと同じだと思います。

あるご家庭の話です。

子どもたちのひとりは自閉症でしたので、小さなころは、商店街やご近所でいたずらをするなど、人に迷惑をかけることが何回かありました。その家庭は、家の中のことはお母さん中心、外のことはお父さんと役割を分担していましたから、ご近所へのお詫びはお父さんの役割です。

お父さんは子どもと一緒に先方へ行き、頭を下

げます。

けれど、「あんたもお詫びしなさい」「あやまりなさい」などとはひと言も言いません。ただ、親としてお詫びをするのです。でも、親がきちんと頭を下げる姿を見ていると、その子も、自然に頭を下げるのです。

「許してもらえてよかったね。許してもらえたから、もういいんだよ」

帰り道ではそう伝えます。その男の子だって、自分がしでかしてしまったことで、「自分はダメだ」とつらい気持ちになっているのですから……。

「おじさんが『いいよ』と許してくださったから、お祝いをして帰ろう」

お父さんがそう言うと、男の子は「クリームソーダがいい」とほぼ決まって答えたそうです。喫茶店に父子ふたりで向き合って座り、クリームソーダを飲むことが、お祝いでした。

「二度とやってはいけないよ」と、そんなことを言う必要はありませんでした。

教えることはひとつだけに

お母さんたちには、人に迷惑をかけない人間に育って欲しいという強い思いがありますから、必死で、あれこれ言ってしまいがちです。でも、それはおやめになったほうがいいのです。

アスペルガー障がいの人たちから直接に話を聞いていると、学校や地域だけでなく、家庭でも困難や苦痛を感じながら生活を送っているのを教えられることがあります。その中に、口うるさく指導されることは、もっともつらいことのひとつだと話してくれた人がいます。たくさんのことばをくどくど言われても、理解ができず、本人の頭に入っていかないし、心に残らないのです。

お母さんのことばを聞きながら、意味を一つひとつ追っているのに、がみがみと叱られたのではついていけません。

特に、「どうしてそんなことをするの」とか、「何回言ったらわかるの」といった感情的なことばは最悪です。

つい、言っていませんか。

そんなことを言われると、子どもはますますどうしていいかわかりません。そして、否定されたという悲しい記憶だけが残ってしまいます。

教えることは、一度にひとつ。

「ダメ」ではなく「こうしましょう」と肯定的に教えてあげてください。

第3章

親にできるたくさんのこと

視覚は強い！一目でわかる絵カードで情報を目から入れる。

「パンパカパ～ン、おめでとう！　おめでとう！」

朝食の後片づけをしていると、リビングから聞き覚えのない音声が聞こえてきた。あわてて茶碗を流しに置き、手についた泡を流しながら考えた。

「………、あっ、あれだ！」

先週、公園のフリマで手に入れた「テレビであいうえお」（文字ボード）を、息子はいたく気に入り、夢中になって、この1週間ずっと遊んでいたのだった。


ボードの「あ」を指で押すと、テレビ画面に大きく「あ」の文字が映る。次いで音声は「あ」と読み上げてくれる。また、機械が読み上げた文字を押すと「やったね！」とほめてくれる。

どうやら「おめでとう！」は五十音全問正解したときの音声のようだった。

「すっ、すごい！　ひとりで覚えられることがあるなんて……」

3歳なのにまだ会話もままならない、そんな子がひとりで、しかも1週間でひらがなを覚えられるものだろうか……。

何かが息子の理解を後押ししている。それは音声？　興味？　それとも……。

カメラアイという能力

「聴覚過敏の子って、聴覚が優れているから、耳からの学習が有利だと思われがちだけど、そうじゃないらしい」

療育センターで、ママ同士がおしゃべりをしているとき、光くんママが読み終えたばかりの本の話を始めた。

「鋭い聴覚が、音をたくさん拾ってしまい、学習をさまたげるのよ」

そうなんだ。すると五十音を覚えられたのは音じゃないのか……。

やがて、母子分離の時間の終わりを告げるチャイムが鳴り、私たちは子どもたちが待つ教室へと向かった。そして、教室で遊ぶ子どもたちの姿を、ぼんやりと眺めていた。

愛子ちゃんはパズルのピースを一瞬見ただけで形を認識し、正しい場所にポンポンと置いていた。龍平くんは、ピースを裏向きにしたまま、パズルを仕上げていた。公園で見た看板を完璧に描いていたのは、絵が得意な翔くんだ。

子どもたちのそんなようすを見て、「すごいな～」と私が小さな声でつぶやいていると、光くんママが、横を向いたまま、こう教えてくれた。

「彼らは、『カメラアイ』といって、見た物をそのまま写真のように記憶することができるらしいの。目から入った情報を記憶する能力が高いということよ」

そうか、だから療育センターの先生は、1日のスケジュールを子どもたちに説明するときに、必ず写真を使うんだ。

「絵カード」で指示を出す

私はパシャ！　パシャ！　パシャ！と部屋中の写真を撮り、ジョキ、ジョキ、ジョキと写真を切り抜き、カリ、カリ、カリと描いたこともない絵を描いた。

「よ～し！　これで完成」

私は思いついた作戦を実行するための準備を1日がかりで整えた。

それは、息子のカメラアイを利用する作戦。

はみがきの順番がわかるように並べた写真、着替えの手順を描いた絵、一週間のスケジュール表など、見れば指示がわかる物を壁に張り出した。また、「絵カード」を見せながら会話をするようにした。部屋の中もスッキリと整え、息子がひとりで遊べるように、おもちゃの配置も変えてみた。

その作戦は何日目かで、成果が見え始めた。実際に、口で言って教えるよりも、目に見せながら教えたほうが、はるかに理解が早く、こちらの意図が伝わった。

イメージは苦手だけれど

思い返すと息子はいつも何かしらの絵本を手にしていた。視覚にうったえる絵本は、彼の理解を助けるパートナーだったのかもしれない。

絵本では、物の名前だけでなく、朝には朝の、夜には夜の絵本を読むことで、生活にはパターンがあるということも覚えていった。

手洗いやトイレ、お風呂といった基本的なしつけは、「ＤＶＤ」の力を借りた。頭の中で何かをイメージすることが苦手なため、お手本なしでは行動ができない。

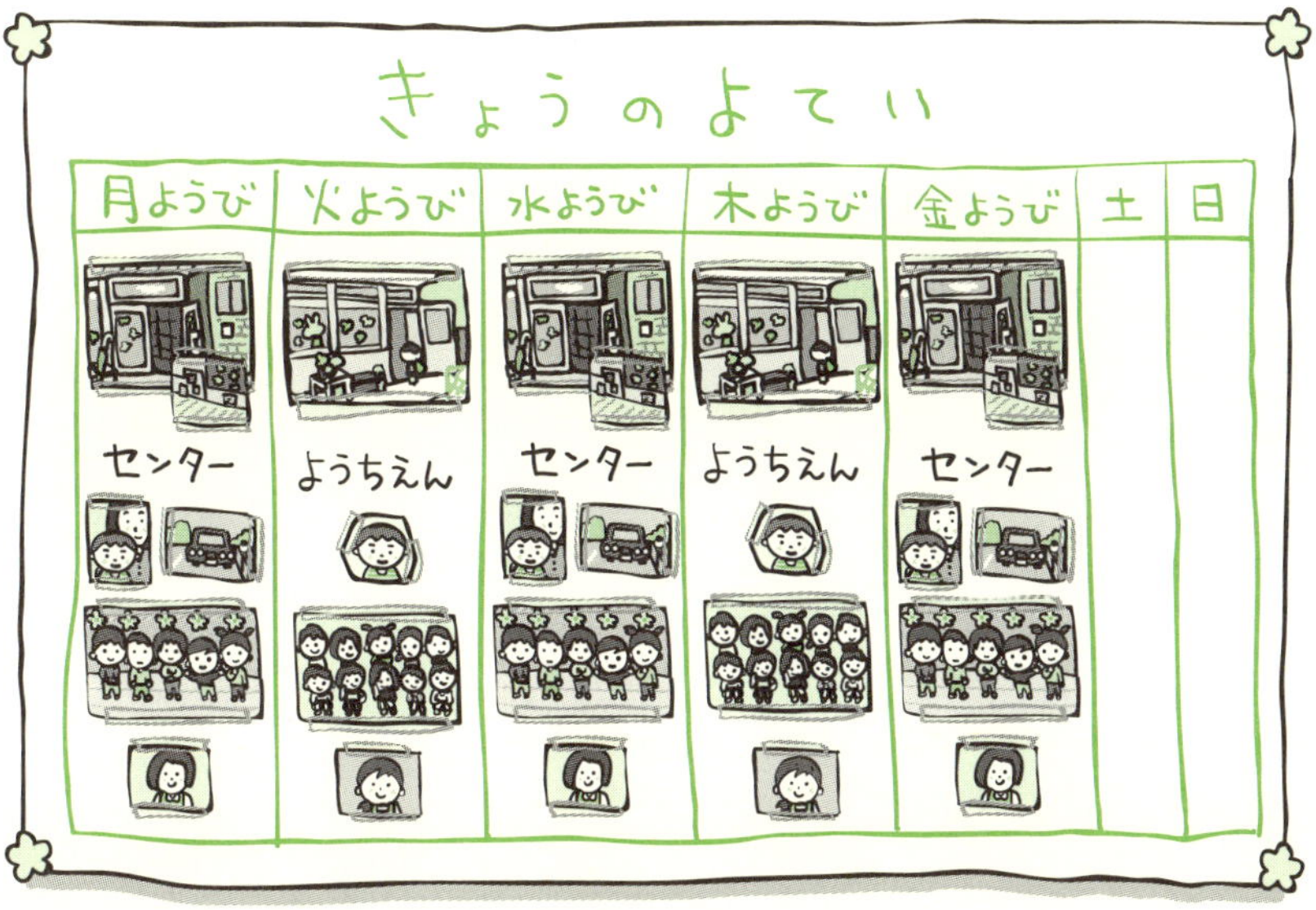

きょうだいがいれば別だが、ひとりっ子だったのでそうすることを思いついた。

目から入った情報を処理する力は、やはり強かった。それまでは、私の指示が息子には伝わっていなかったのかもしれない。こうして目で見た情報を一つひとつ積み重ね、息子は理解を増やしていった。

12歳になった今でも息子の理解に合わせた、息子にわかりやすい教え方を探し出し、考える日々は続いている。そうすればわかるようになるし、そうしなければわからない。

ちなみに五十音をひとりで覚えられたのは、視覚情報に、決まった音声のヒント、やる気を上げる「やったね！」のほめことばがあったから。そして、音も絵もシンプルだったことが、一番の要因だった、と私は分析している。（みどり）

子育てコミュ ⑨

わが家の療育

幼児編

●トイレトレはささやく

やってみては、行き詰まり「もういつか本人が恥ずかしいと思ったときに、オムツがとれればいい」と完全にあきらめていたトイレトレーニング。が、ふと思いついたことを1週間やってみた。寝る直前に耳もとで「4歳になったらトイレでおしっこします」とささやき続けた。すると、あれだけトイレに入ることを拒否していたのに、誕生日後に、あっさりと入り、おしっこをした。（PDD／8歳男）

●歩けるドーナツ♪

駅と託児所の間にドーナツ屋があり、ときどき帰りに食べさせていた。だんだん店の前を通るたびに「ドーナツ♪ドーナツ♪」と言うようになり、以前はいつも「抱っこ〜!」と言って歩かなかった場面でも、「ドーナツ買わなきゃ」と言うと歩くようになった。（PDD／3歳男）

●少しずつ難易度を上げた

何か欲しいときは、手の平を上に向けて両手を重ね「パンパン」と鳴らすことを教えた。鳴らしたときは、たいてい欲しがっている物をあげた。数日後、冷蔵庫に向かって「パンパン」をやっていたので、冷蔵庫を開け、「これ?」と順番に聞いた。息子がうなずいたのは牛乳だった。こんどは「牛乳、ちょうだい」と言いながら牛乳を見せて与えた。何とかまねて言えるようになると、次は目を見て要求することを教えた。最初は顔の前で牛乳を左右に振らないと、目を見ることはできなかったが、少しずつ顔を見るようになっていった。

（ADHD／12歳男）

●絵本で指さし

『動物絵本』を見せながら、「あっ、ワンワン」と指さす行動を繰り返しやって見せた。次第にまねするようになり、指さしを覚え、言えるようになっていった。

（ADHD／12歳男）

●歌をヒントに

歌が好きなので、何でも歌にした。たとえば手洗いは、「さあ〜、手を洗うよ〜、お手てにせっけんつ〜けて〜♪　お水を出すよ〜キュッキュッキュッ♪　ジャーッ♪　あわあわ全部なくなったかな〜♪」と、手を洗うたびに、音程を変えずに、必ず同じ歌を歌うようにしていた。

（非定型自閉症／3歳男）

●はじめてには予習

はじめてのことは、必ず予習をさせた。幼稚園入園前には、幼稚園に何度も一緒に見に行き、担任と会って遊んでもらい、教室も見せた。すんなり園バスに乗せるために、園バスも見せた。

（自閉症／10歳男）

●大好きを利用

車が大好きな息子。はさみを教えるときに、車の新聞広告を切らせて、スクラップブックをつくらせた。カタカナを覚えるときには、車の名前を使って教えた。

（自閉症／13歳男）

●診察まで3日かけた

はじめての場所が苦手だったので、病院へ行くときは、1日目は「今度、ここの病院で目を診てもらおうね」と言って病院の前まで行き、風景だけを見せて帰った。2日目は、事前に病院に事情を伝え、

子育てコミュ⑨ わが家の療育──幼児編

病院の待合室と受付へ行った。看護師さんがニッコリ笑ってくれるので、よい印象をもってくれることが多い。3日目、心の準備ができると、子どもはすんなりと病院へ入り、診てもらえる。いきなりではなく、段階を分けて挑戦すると、うまくいくことって、思いのほか多い。

（PDD／12歳男）

●ちょっと失敗

ひらがなを覚えさせようと、通園施設で使っていた教材を借りた。しかし、場所が違う自宅で使うことを嫌がり、息子に隠されてしまった。

（PDD／6歳男）

●ひっそり遊び方を教えた

公園でみんなと遊べなかったので、家の中にすべり台、ブランコ、ジャングルジムを置き、遊べる環境をつくった。三輪車も家の中で練習した。誰もいない時間になってから二人で公園へ行き、一緒に遊んだ。

（PDD／12歳男）

●テレビにシーツ

テレビを見ない時間には、テレビに使い古しのシーツをかけ、画面が見えないようにした。見えていると気になってしまい、ほかのことに意識が向かなくなるけど、見えなければ忘れてしまう。

（PDD／7歳男）

●教えることは難しかった

療育センターで教えてもらったことを家でもきっちり復習させようとして、スパルタ教育のようになってしまった。子どもはつらくて泣いてしまったこともあり、失敗だった。

（PDD／12歳男）

●白い物しか食べない

ごはん、ヨーグルト、とうふなど白い物しか食べなかったので、白い食べ物に、少しずつ、色の薄い物から混ぜていき、味だけでなく、目も慣れさせた。

（ADHD／11歳男）

●ひとりで履かせる

ひとりでくつが履けるように、くつのかかとに、ひもで輪をつけた。

（自閉症／13歳男）

●トミカでトイレ大成功

トイレトレーニングのころ、大好きなトミカをトイレに隠しておき、トイレに行くたびに、ごほうびとしてトミカを渡した。でも、毎回買うわけではなく、子どもが置き忘れたトミカを回収し、ごほうびに使用していた。

（自閉症／13歳男）

●やみくもは失敗

自宅で療育しようと「つみきの会」に入った。でも難易度が高く、ほとんど実践できなかったので、残念な結果に終わった。やみくもに手を出しても、中途半端に終わってしまうことを学んだ。

（PDD／3歳男）

●目と耳で教えた

ことばを教えるときは、文字を見せるだけでなく、口で言って音を聞かせた。そうすると記憶力はばつぐん。スイッチが入れば、本当にすごい能力になった。

（PDD／14歳男）

●無理なく楽しく

親子ともに無理なく、楽しくできることをしている。ストレスを感じてやめた療育もあった。ストレスをためない、をモットーに遊びに取り入れられる範囲でやるようにしている。

（PDD／3歳男）

●導入の見極め

療育センター時代に絵カード&写真を何枚もつくり、情報を伝えようとしたが、効果的にできなかった。当時の息子には、コレクションカードと同じ意味合いだったらしく、眺めて楽しむだけ。成長に合わせることも必要だった。

（自閉症／13歳男）

子育てコミュ⑩

わが家の療育

園児編

●ハンカチで休日を教えた

見通しをもって過ごすことが苦手だったので、保育園時代から壁かけ式のポケットにハンカチを入れ、毎日1枚ずつ取り、空っぽになったら「休み」ということを教えていた。スケジュールボードには、週間予定をマグネットで貼り、予定を知らせた。今はカレンダーがわかるので、学校からの月間予定表、献立表でチェックしている。

（PDD／9歳男）

●音をヒントに

遊びがなかなかやめられず、切り替えが悪かったので、手をたたきながら「おしー、まい！」と連呼し、やめることを教えた。すぐにできなくても、少し待ってあげた。どうしてもできないときは、無理やりその場から引き離した。うちの場合は、大騒ぎをしたが、わりとあきらめは早かった。

（自閉症／12歳男）

●失敗を経験させた

何度言っても水の怖さをわかってくれなかった。ある日、思いっきり湯船をのぞき込んでいたのを見て「落ちるだろうな～」と思ったけれど黙っていた。数分後、やはり頭から落ちた！　白眼をむくのをはじめて見た。その後、風呂のふたの上に乗ることや、のぞき込むことはしなくなった。言っても危険がわからないときは、ある程度の経験をさせるに限る！

（ADHD／13歳男）

●絵で見通しを

見通しがつかないことが苦手だったので、病院で診察があるときは「1、おなか」「2、背中」「3、口を開けて、あ〜ん」「4、おしまい」と、先に絵に描いて、これから起こることを見せていた。成長とともに絵は文字になり、最後は声がけのみでできるようになった。（自閉症／12歳男）

●一生懸命があだに

何とか話せるようにしようと、一生懸命に家でも口形模倣の練習をした。そうしたら、以前よりもできなくなり、発音も悪くなってしまった。（自閉症／9歳男）

●怒らずに「ほら」

幼稚園時代に「起床」「食事」など1日の流れを表に書き、見える場所に貼っておいた。守れていないときは、怒らずに「ほら、見て！」と表を見せた。すると子どもも「あ！」と気づくし、親もいちいち怒らずにすんだ。でも、ちょっと慣れたら守らなくなった。

（発達障がいの疑い／8歳男）

●ガムで回避

かんしゃくを起こすと、自分の腕をかむ行動があったので、ガムをかませてみた。すると、腕をかまなくなった。

（自閉症／11歳男）

●専門家に頼った

電車の中を走りまわり、知らない人に「お母さんの言うことを聞きなさい！」と叱られても、言うことを聞かず、いつも困っていた。しかし、認知行動療法を始め、心理カウンセラーが介入するようになると、困った行動は劇的におさまり、専門家の効果におどろいた。

（ＡＤＨＤ／12歳男）

●説明で安心させた

東日本大震災で停電になったときのこ

子育てコミュ⑩ わが家の療育――園児編

と。電線が揺れるのを見ながら、「電気屋さんが電線を直してくれるからね。今どこどこのお家を直している」と実況中継をしていた。（自閉症／12歳男）

●注射はカウントで

予防注射は、我慢する時間をカウントで示した。はじめはすべての行程に10カウントをしていたが、次第に5カウントになり、最後は針を刺してから3カウントになった。病院の協力で、落ち着いて暴れずにできていた。（自閉症／12歳男）

●終わった磁石は外す

スケジュール表に「はみがき」「ごはん」などの項目に磁石をつけて、終わったら外せるようにした。トイレの順番は、「ズボンを下ろす」「座る」などを絵で描き、トイレの壁に貼った。触らないで欲しい場所には×と書いた。（自閉症／13歳男）

●ひとり二役で失敗

子どもに「ことばのやり取り」を教えようとして、私は二役を話した。すると、子どもは両方のセリフを覚えてしまい、結局ごちゃごちゃになり、会話を教えることはできなかった。（自閉症／13歳男）

●発想の転換が理解の糸口に

園服をハンガーにかけ、ポールにつるしたときはうれしかった。何度も失敗を繰り返していたのに、ペアレントトレーニングで教えられたとおり「ハンガーに服を着せてみよう!!」と指示をしたら、あっさりとできた。（自閉症／12歳男）

●むきになり失敗

4歳ごろ、ピアノ教室に通っていた。音楽はきらいではなかったのに、私がむきになって叱りすぎて、楽しませてあげられなかった。結局はやめることになった。

（非言語性学習障がい／14歳男）

●目でしつけた

口で言っただけではすぐに忘れてしまうが、書いて貼っておくと、見るたびに思い出すので効果があった。登ってはいけない場所に登っている息子の姿を写真に撮り、それに大きく赤で×をつけ、壁に貼って、禁止を教えた。

（高機能自閉症・ADHD／9歳男）

●写真で見せた

うちの子は視覚が強いので、どこに行くにもたくさんの写真を持って行き、ことばで通じないことを、写真や絵で伝えた。それまでは、いつも不安だらけだったことも「ここへ行くよ」と写真を見せると落ち着いた。病院は急に連れて行くとパニックになったが、1週間前ぐらいから「行くよ」と写真を見せ続けると、安心して治療が受けられた。

（PDD／7歳男）

●食べる量を目で確認させた

満腹感が鈍いようで、飲食をなかなかやめることができなかったので、外出先でも、毎回食事もおやつも1食分ずつ小袋に分けて、名前を書き、自分の物がわかるようにした。飲み物もコップを使い、量も制限した。

（PDD／8歳男）

●ごほうびで取り組ませた

苦手なことに取り組んだ後は、好物をあげたり、好きな場所に連れて行ったりした。幼稚園に行くのを嫌がり、なかなか車に乗れなかったときも、帰りの車の中で、大好きなチョコレートを食べさせていた。

（自閉症／9歳男）

目の動かし方を訓練すれば本が読める子がいる。目を見て！　と知らせたい。

「こんにちは。学習障がい児の眼科的な問題について、昨年の学会で特集がありました。その記事をこちらにトラバ（転送）します」

それは、私のブログに書き込まれた、見知らぬ人からのコメントだった。

リンク先の記事には、視覚機能に異常があると、認知が低くなること。つまり、黒目の動かし方、両目の協調運動がうまくいかないために、情報収集や理解に問題が起こるということや、発達障がい専門の眼科医でなければ、視機能の異常を見つけることはできない、ということが書かれていた。

書き込みをしてくれたのは、視能訓練士だった。すぐにその人に、お礼と検査ができる病院の詳細を問い合わせたところ、「大阪在住なので、関東のことはわからない」との返信がきた。ネットで検索をかけてみたが、近所に見つけることはできず、ヒットするのは関西在住の眼科医だった。

「もしかしたら、そこで関東の病院を教えてくれるかもしれない……」と迷いながらも病院に電話をしてみると、スタッフが、翌週、東京で医師の講演会があることを教えてくれた。

私は会場に会いに出かけて、「お目にかからせていただき、ありがとうございます」とお礼を言い、息子のようすを告げると、その医師はある病院の名前を教えてくれた。関東にも、検査ができる病院はあった。

視力回復のラストチャンス

その病院には全国から親子がやってきていた。予約を入れ、受診し、検査の結果が出るまでに、数か月もかかった。

その結果は、

「両眼に遠視ですね。左眼にいたっては乱視と弱視があります。ほかにも眼球運動や両眼の協調運動などに問題がありそうです。視力が安定したら、トレーニングを行いましょう」

さらに、先生はカルテを見ながら、ことばをつけ加えた。

「7歳ですか。視力回復の可能性がある最後のチャンスになります」

今までいくつもの眼科や小児科で「目に異常があるような気がする」とうったえたが、返ってきたのは「異常ありません」ばかり。でもそうじゃなかった。

乳児期に片眼で空中に向かって頭を振ったり、横目で物を見るしぐさは、視覚が関係しているという。そのほかにも「絵が描けない」「図形が認知できない」「文字を読み飛ばす」などの症状も、目と何らかの関係があるかもしれないという。

数週間後に行われた2度目の検査では

こんなこともわかった。

「眼位が内側に寄っている。追従性眼球運動、衝動性眼球運動ができないために、目の前で動く物を正確に追えない。立体をきちんととらえることが難しい。空間視もできていない」

難しい専門用語を聞きながら、問題が発見された喜びと、これらを治療することは可能なのだろうかという不安で、心はいっぱいだった。

目も筋肉。動かし方は学べる

めがねをかけ、視力が安定してきたころ、隔週1回、1時間のトレーニングが始まった。

「さあ！　今日から目の運動を始めるよ」という視能訓練の先生に、息子は「はい！　オッパッピー」とおどけて答えた。

先生は、落ち着きのない息子を集中させるために、彼が興味をもっている地図やコンピュータの話をしながらトレーニングを行った。眼球の追従運動から始まり、両眼視の訓練、平面図や立体図、文章の音読などをし、最後にはごほうびをかねたパソコン操作が待っていた。

息子はパソコンの専門的な話ができるとあって、先生に会うのを毎回楽しみにしていた。先生によれば、眼球も筋肉でできており、作業療法と同じように、動かし方を教えてあげれば、上手に物を目でとらえられるようになるという。

家庭では、右目にアイパッチを貼り、視力が悪い左目だけを使う時間を毎日設定するよう、眼科医に言われていた。でも、毎日、監視をしていたのでは、「親子で疲れてしまう」と思い、週に数日、できる日に、できる時間だけ、アイパッチ

をつけるようにしていた。

それでも視力は次第に回復していった。息子の場合、治療開始から数年後には乱視と弱視は消えてなくなった。一番の成果は、文章の読み飛ばしが減り、教科書が読めるようになったこと。

私が視覚の問題を疑ったきっかけは、「本を読むと頭が痛くなる」という息子のうったえだった。そこから過去にさかのぼって、思い出した行動を自分のブログに書いた。その記事をたまたま読んだ専門家が、知恵を与えてくれた。

ブログに書いてよかった。視能訓練士に出会うことができてよかった！

息子がはじめてめがねをかけたときのことばが忘れられない。

「ママ、めがねって物がひとつに見えるんだよ。それに、字が大きくはっきり見えるよ！」

彼にとっては、新しい世界を見た瞬間だったのだろう。

もし、子どもが、物を見るときに首を傾ける、横目や片眼でおもちゃを見る。本を読むと疲れて寝てしまうという場合は、視覚機能に問題があるかもしれない。専門の眼科へ行くことをおすすめする。

それにしても、こんなに目の状態が悪いのに、一般の眼科ではわからないって、いったいどういうことなんだろう。どこの眼科へ行ってもわかるしくみを整えて欲しい。

（マル太の母）

子育てコミュ⑪
わが家の療育
児童編

●行動をビデオで見せた
場にそぐわない行動をしているようすを、こっそりビデオに撮り、ビデオを見せながら、なぜいけないのかを教えた。みんなまわりの友だちの反応も見せて、みんなが困っていることもわからせた。また、声の大きさなどの程度は、ことばより数字に表すほうが、理解しやすかった。

(高機能自閉症・ADHD／9歳男)

●暗示をかけた
小学校低学年のときに、パニックにならないおまじないとして「スーパーマリオのバンドエイド」を貼っていた。ドッジボールなどをしていて体が動いているときは、効果が薄いのだそうだが、これを貼ると、がまんができる日もあったという。

(PDD／12歳男)

●遊び感覚で練習した
小1のとき、学校で教科書をランドセルから出し、机にしまい、ランドセルをロッカーに戻すことがうまくできなかった。でも、家で机に教科書を入れる遊びをしているうちに、一連の作業ができるようになった。

(非定型自閉症／11歳男)

●ひらがなは友だちの名前で
友だちと関わりたい、一緒に遊びたいという気持ちが強かったので、小1のときに、友だちの名前をカードに書かせて、

ひらがなを教えた。　（PDD／11歳女）

●理解できる情報を与えた

外出時にはB6判のメモが入るファイルを用意し、「始まり（出発）」から「終わり（帰宅）」を書いて事前に説明していた。　（自閉症／13歳男）

●音量調整を絵カードで

電車で通学をしていた息子。車内で大声でしゃべり、声の音量調整ができなかった。そこで、テレビ画面の絵カードをつくり、「大きな声」には、テレビ画面の中に大きな口を開けている人の顔と音量表示を、「小さな声」には、小さな口と小さな音量を描いた。大きな声になると、電車の中でカードを息子に見せ、そのつど教えた。　（自閉症／12歳男）

●歩く速度も絵カードで

一定の速度で道を歩くことができていなかったので、人が歩く姿の絵カードをつくった。「てくてく歩く」のカードを定期入れに入れ、持たせた。しばらくはカードを見ながら確認して歩いていたが、今ではカードは必要なくなった。一定のペースで歩けるようになった。　（自閉症／12歳男）

●繰り返し聞かせた

人の名前が覚えられなかったので、友だちに会ったときは、必ず私が友だちの名前を呼び、息子に聞かせるようにしていた。そうして名前を覚えさせた。　（PDD／12歳男）

環境を合わせる。すると、まわりを見始めた。子どもに起きた大きな変化。

「お母さん、春休みにお子さんと何かされましたか？」

療育センターの先生のことばに、自分がしたであろう失敗を、あれやこれやと考えていた。すると……、

「お子さんがこの休みで、大きく成長していますよ」

「えーっ！」

春休みに、療育センターの友だちの家にクラスみんなで遊びに行った。１歳年上の純くんの家はすごかった。何がすごいって、発達障がい児がわかりやすく過ごせる空間が、家の中にあったのだ。

だからなのか、純くんはセンターで会うときよりも、ずっと落ち着いていた。

この家は自閉症児の治療教育法に基づいた環境整備が行われていたのだ。これが「ティーチ（TEACCH）」の一環だということをはじめて知ったのだった。

「これのことよ」

純くんママは１冊の本をバッグから取り出し、見せてくれた。辞書のようなぶ

厚い本には『自閉症児の発達単元267』（岩崎学術出版社／エリック・ショプラー、佐々木正美）とあった。中をめくると、家庭で取り組めそうなトレーニングが紹介されていた。

「できた」だけが成長ではない

「春休みの3週間に、この本を読んでティーチ（TEACCH）を勉強し、見よう見まねで息子に試してみたけれど、成果を出すことはできなかった……」

私の報告を聞いた療育センターの先生は、大きくうなずきながら、

「なるほどね、それで納得しました。でも、本当に成長していますよ」

それがどういうことなのかが、私には理解できなかった。

「ペープサートの時間に『やりたい』って自分から言ったことに、お母さん気づいてましたか?」と先生。

当時の私には見えていなかった成長、それは息子がまわりを見始めていたということだった。自発的な行動は一見、衝動的であり、多動にも見える。「できた」にこだわるあまり、見逃していたのかもしれない。

実はその後は、自発的な行動に振りまわされることになるのだが、それも成長。今となっては思い出だ。

子どもが安心して過ごせる環境を工夫し、整えてみる価値はある！（有楽町）

子育てコミュ⑫ ママの知っ得テクニック!!

●問題行動は無視する

ペアレントトレーニングで教わった「問題行動は無視する」がよかった。子どもの存在を否定しないで、行動を無視する。難しいが、とても効果がある。また、言うことを聞いたらポイントをあげ、貯めたポイントで、ちょっとしたごほうびをあげた。子どもたちも喜んでやっていた。

（PDD／10歳女、12歳男）

●パニックになったら逃走

人の目のあるところでパニックになられたときは、とりあえず担いでも人目のないところへ逃走する。衆目があるといろいろ言われる。子どもを放っておいてあげるのは、静かな場所へ移動してからで十分。

（AS／13歳男）

●生活すべてが療育

生活すべてが療育だと思っている。娘は自分で情報を取り込むことが苦手なので、私はこれまですべての情報をインプットし続けた。

（高機能自閉症／12歳女）

●叱りすぎない

療育をしようとがんばりすぎると、イライラすることが多く、叱ったり、手をあげたり、びしびしきびしくなってしまう。子どもは反抗的な態度で、暴言を吐き、勉強をあまりしなくなった。

（発達障がい／13歳男）

●「ほめる」に限る

ありきたりだが「ほめる」に限る。大げさに周囲の目も気にせず、私はできたことをほめた。幼稚園のときに、はじめて泣かずに過ごせた報告をもらった日、お迎えで、30メートル手前から両手をひろげて娘の名前を呼び、走ってきた娘をぎゅーっと抱きしめ、ほめた。

（PDD／11歳女）

●漢方薬は食べる

粉の漢方薬は、トーストの上にマヨネーズを塗ってトッピングすると食べる。

（PDD／3歳男）

●子どもにとことんつき合う

子どもが興味をもっていることに、時間の許す限りとことんつき合った。子どもは心が満たされると、そのほかのことも、わりとスムーズにできるようになる。でも、こちらに心と時間の余裕がないとなかなか難しい。

（軽度発達障がいの疑い／13歳男）

●指しゃぶりにはマニキュア

爪かみ、指しゃぶりを、ソニープラザで売っていた、なめても体に無害なとっても苦いマニキュアを塗ることで克服した。

（高機能自閉症／12歳女）

●時間を子どもに合わせた

時間に正確な子だったので、1分でも約束の時間が過ぎると、パニックを起こし、騒ぎ出すことがあった。間に合わないときは、時計をわざと少し遅らせた。もちろん息子が出かけたあとは、もとに戻した。

（PDD／12歳男）

●しつけは☆★で

長男は視覚が強く、耳で聞くより目で見たほうが理解が早く、良し悪しが定着しやすかったので、よい行動をしたときは☆、やってはいけない行動には★を書いた紙を見せた。表に☆裏に★を印刷した紙をパウチし、幼稚園や学校の先生にも使ってもらった。中学生になった今でも☆が大好きで、☆のグッズをプレゼントすると喜ぶ。（ADHD／12歳男）

●逆質問で考えさせる

何度も同じ質問を繰り返すときは、逆にこちらから質問をして、本人に考えさせた。嫌なことに取り組むときは、ごほうびを与えた。予定は目で見える形で伝え、本人ができることは自分で選択させた。（自閉症／10歳男）

●母がアポイントをとる

友だちと関われなかったので、親同伴で友だちと関わる時間をつくった。今では、子ども同士で公園へ行ったり、遊ぶ約束をするようになった。（PDD／8歳男）

●禁止ではなくOKをつくる

「学校のいろいろな場所に、点々（虫）を描くので困っている」と先生から連絡があった。私は虫を全面禁止にするより、描いてもOKな場所をつくったほうが効果があるのではないかと考えた。自由帳に「虫ノート」と書いて学校に持たせた。やはり、虫ノートに点々を描くようになると、ほかの場所には描かなくなった。（自閉症／13歳男）

●キーワードは有効

「お兄さん」というキーワードが息子にとって重要だった。「お兄さんらしくやるよ」と言うと自発的にやろうとした。反対に「赤ちゃんっぽい」と言うと、とても嫌がり、まじめに取り組もうとした。雑音を遮断する「イヤーマフラー」をつけたがるほど、赤ちゃんの泣き声がきらいだからだ。小さいころは、DSのソフトや、グラフィックアートの写真集など、物で釣って、取り組ませていたが、今は2つのキーワードが有効。（自閉症／12歳男）

●指示は上品に

「ですます調」で子どもに指示を出していたら、なんだかお上品な人に育った。

（AS／13歳男）

●否定語は使わない

指示は肯定系で出したほうが効果がある。

（AS／13歳男）

●ママは走りすぎない

私は母がたくさんがんばって走ってはダメということを学んだ。親があきらめずに子どもを育てることは大事。でも、強く教えてよいこと、ダメなことの微妙な差を見つけなければならない。それがわかるまでが、一番つらくて難しい。私には家庭療育は難しかったので、助けてくれる先生を探した。

（PDD／14歳男）

●説明は具体的に

〝おはよう〟と〝こんにちは〟は、いつ変わるの？」と質問されたことがあった。「牛丼屋のチェーン店では、11時から〝こんにちは〟のあいさつに変わるのだそうです」と答えると納得してくれた。何ごとも具体的に説明するとわかりやすいようだ。

（非定型自閉症／11歳男）

●療育＝ていねいな子育て

私は「療育＝ていねいな子育て」と思っているので、特に療法などを意識して、やっていない。それが秘訣。

（PDD／6歳男）

●言い続けることが大事

言っても言っても、息子は服を脱ぎっぱなしにしていた。だから私は何年も言い続けた。ところがある日、突然きちんと置いてあった。それからは毎日がきちんとしている。生活習慣の獲得には時間がかかるが、根気よく言い続ければ、いつか身につく。

（軽度発達障がいの疑い／13歳男）

子育てコミュ⑬

おすすめ絵本と療育ツール

絵本は目と耳からの情報で、子どもの理解を助ける。楽しい遊びは子どもの生きる力を強くする。ママたちが選んだおすすめ絵本とツールを紹介しよう！

●スプーンを理屈で理解する

『おさじさん』松谷みよ子著、東光寺啓絵（童心社）。手づかみでごはんを食べ、スプーンを使わない子にどうぞ。（自閉症／9歳男）

●夕方から夜の流れがわかる

『おやすみ』なかがわりえこ著、やまわきゆりこ絵（グランまま社）。夕方から夜寝るまでの過ごし方が描いてある。この流れを理解してから、夜のパニックが少しずつ減っていった。（PDD／11歳男）

●おててがわかった

『おててがでたよ』林明子著（福音館書店）。林さんの絵本には、親子でお世話になった。やさしいタッチのイラストに私の心はいやされ、長男はことばを覚えた。はじめて「おてて」と、絵本を見ながら言ったとき、この子は絵本で覚える！とすぐに、次の絵本を買いに本屋へ走った。（ADHD／12歳男）

●所有格が覚えられる

『だれのかさかな？』東君平著（フレーベル館）。繰り返し読むことで〝だれの〟という所有格を覚えた。（PDD／12歳男）

●笑いながら動詞を獲得

『**どうすればいいのかな？**』**わたなべしげお著、おおともやすお絵**（福音館書店）。くま君がセーターをはいたり、パンツを着たりして、間違えてしまう話。笑いながらことばを覚えられる。

（ADHD／9歳男）

●これが幼稚園だ

『**ようちえんのいちにち**』**おかしゅうぞう著、ふじたひおこ絵**（佼成出版社）。幼稚園入園前に、幼稚園を教えるために何度も読んだ。

（PDD／7歳女）

●夢ってなあにがわかる

『**しゅっぱつしんこう！**』**三田村信行著、柿本幸造絵**（小峰書店）。夜寝ているとゆたかくんが電車の運転手になり、動物たちを海岸公園駅まで運ぶお話。「夢」がわからない子に教えるのにぴったり。電車好きっ子にもおすすめ。（AS／10歳男）

●ホットケーキが食べられる

『**しろくまちゃんのほっとけーき**』**わかやまけん著**（こぐま社）。絵本を読んでは、息子とふたりで、三角きんにエプロンをしてホットケーキをつくった。偏食がひどい時期だったが、自分でつくったホットケーキはどういうわけか食べられた。

（ADHD／10歳男）

●絵で見ることば

『**言葉図鑑**』**五味太郎著**（偕成社）。初語からとても役立ち、見ながらどんどんことばを覚えた。

（自閉症／12歳男）

●生活スキルはDVDで

あいさつ、トイレ、ごはん、お風呂などが短編になっている『**秀逸ビデオシリーズ・しつけハウツー**』（スターシップ）はおすすめ。息子はあいちゃんのセリフを丸暗記し、二語文を覚え、生活スキルを獲得した。

（ADHD／12歳男）

子育てコミュ⑬ おすすめ絵本と療育ツール

●成長ペースで使いたい

『こどもちゃれんじ』（ベネッセ）。月齢に合わせるのではなく、子どもの成長ペースで使うとよい。よく研究されている。（発達障がいの疑い／4歳女）

●ゲームは交流ツール

いろいろなボードゲームができるようになると、家族や友だちと、すぐに交流ができるようになる。この子たちには、遊び方を教えることも大事。（高機能自閉症／12歳女）

●ペンがしゃべる

ペンでタッチすると声が出る地図「**おはなし日本列島**」「**おはなし地球儀**」（タカラトミー）がとても役立った。読むことが苦手だったので、読みあげてもらえることで、ひとりでも遊べた。ペンが読んでくれる辞書『**ペン読ABCディクショナリー**』**ダニエル・カール作**（アプライ）もおすすめ。ひとりで英語の勉強ができるようになった。（ADHD／13歳男）

●ことばはいらない

DVD『**トムとジェリー**』。テンポが速くて飽きないし、セリフがないので、内容がわかりやすい。（PDD／12歳男）

●ゲームで思考を育てる

ドイツのゲームメーカー、ラベンスバーガー社のボードゲームは、考えるゲームが多く、ゲームを通して先の見通しや、数の概念、時計の見方など、日常生活のスキルを覚えることができる。「**いろ～んなかたち**」「**帽子とりゲーム**」「**コンタクト・ゲーム**」「**なんじかわかる?**」などいろいろある。（自閉症／11歳男）

●使い方をマスターする方法

DVDやPCなどの機器は、こわされるのを覚悟で1台与えると、使い方を覚える。（高機能自閉症／9歳女）

●お箸を覚える

「**エジソンのお箸**」箸を持つ練習にとても役立った。

（自閉症／11歳男）

●落ち着く音

なぜかオルゴールを聞かせると、落ち着くことが多かった。

（PDD／11歳女）

●ファーストおもちゃ

手と頭を使った遊びができる「**くるくるチャイム**」（くもん出版）がおすすめ。

（PDD／4歳男）

●ピタゴラスイッチ派に

『ピタゴラスイッチ』が好きな子には、ドミノや、クーゲルバーンのビー玉を転がせる積み木、木のおもちゃがおすすめ。高額なのがちょっと痛い。また、プラスチックのブロックパーツを組み合わせて、コースをつくり、ボールを転がす「**くみくみスロープ**」（くもん出版）もいい。息子は今でも遊んでいる。

（ADHD／9歳男）

●見やすい絵カード

「**なまえカード**」（つみきの会）。動物や食べ物などがある。背景が真っ白で、サイズも大きすぎず、使いやすい。

（非定型自閉症／3歳男）

●設計図ありのブロック

「**ラキュー**」（ヨシリツ）ブロックのようなおもちゃだが、設計図がついているので、想像力がなくても遊べる。

（自閉症／11歳男）

●ゲームソフト

「**ピングーのワクワク♪カーニバル！**」（スクウェアーエニックス）。掃除、パンづくり、算数、お手伝いなどをして金貨を貯めるゲーム。遊ぶうちに、実際に興味を示すようになり、手伝うようになった。

（自閉症／12歳男）

療育センターは「治す」ところじゃない。支えるのが役割。

「乳幼児期の早期の療育は大切です」という、東京都杉並区こども発達センター療育相談担当の梅津幸一さんに、施設が果たす役割について聞いた。

発達障がい児の早期発見、早期療育が重視されるようになり、杉並区では現在の登録者数（未就学児）が８００人を超えたという。

療育センターとは、いったいどんな活動をしているところなのだろう。

おもな役割は３つ。まずは「子どもへの支援」。個別または、グループでことばや体の動かし方、社会性などを教えながら、幼児期の成長を支援する。

２番目は「両親への支援」。両親が子どもの特性を理解できるように講習会を行ったり、家庭でもセンターと同じように支援ができるように指導を行ったりしている。さらには、子育てにとまどう両親によりそい、アドバイスをするなどの心のサポートもしている。

３番目は「環境への支援」。子どもた

ちはいずれセンターを卒業し、幼稚園などの地域社会へと歩みを進める。職員は各所へ足を運び、特徴を伝え、活動に参加できるよう環境の調整や関わり方を教える。

遊びの中で獲得するもの

「遊ばせていないで、早く机に座らせて指導してください」と言語指導のようすを見た保護者から、梅津さんは言われることがあるという。

「でも、ことばは、人と人とのやり取り。机上で覚えられるものではありません。子どもがことばを獲得するのは、興味があること、やりたいことをやっているとき。そこから言語指導は始まります」

梅津さんはこうも言う。

「ここで行っていることの基本は『ていねいな子育て』だと私は思っています」

ていねいな子育てとは、子どもが何をしたいのかをキャッチし、一緒に楽しむ余裕をもった子育てなのだろう。

「子育ての基本は家庭です。私たちができる時間は限られており、保護者がここで得た方法やヒントを家庭で活かしていけるよう支援することが大切です」

発達センターの職員室では、たくさんの専門職員が子どもたちが生きやすくなるよう、力を合わせて支援を考えていた。「発達センターは治療やリハビリ（回復する）というよりも、ハビリテーション（能力を獲得する）を行うところです」とも梅津さんは言う。

障がいを治す病院でもない。親にとっては、ていねいな子育てを学び、サポートが得られるありがたい場所のようだ。

（子育てネット）

子育てコミュ⑭

ちょっと失敗 トホホの話

●ママを探して！

デパートの地下食品売場で、代金を払おうと、手を離した瞬間、長男が走って行ってしまった。あわてて次男のベビーカーを押して追いかけても、ショーケースをまがったらもう見えない……。すぐ迷子放送をお願いして、店員さんに探してもらい、しばらくして、お菓子売場で見つかった。私を見て「ママどこに行ってたの？　僕、探してたのに……」。探してたのはどっちだ〜！　と叫びたかった。

（ADHD／13歳男）

●怒り口調が同じ

荒れるときの口調が、私が子どもを叱るときの口調と同じなので、気をつけなければと思っている。ことばづかいもね。

（PDD／6歳男）

●2階の窓に注意！

いきなり2階の窓からぶら下がり、下りようとしていたことが、近所の通報でわかった。どうやら、映画『モンスターズ・インク』の大好きなシーンを再現したかったらしい。それ以降、ひとりで2階にいるときは、窓に南京錠のカギをかけるようにした。

（自閉症／12歳男）

●リアルすぎた絵

幼稚園時代に、事前に歯医者の絵カードを作成して、診察に備えたことがあった。しかし、麻酔注射の絵がリアルすぎて、怖かったらしく、当日は38度5分の発熱。その次からは、麻酔注射のところを〝くすりを塗る〟の絵カードに変更した。（自閉症／13歳男）

●イライラがパニックに

トイレトレーニングで、3歳からずっとパンツをはかせたが、おもらしばかりで疲れてしまい、イライラして大声で怒り、よけいパニックにさせてしまった。その後、おむつに戻すと、気持ち悪さがわかったようで、すぐにトイレでできるようになった。（自閉症／9歳男）

●母の負担が大きすぎた

「つみきの会」のABA（応用行動分析）を3か月ほど、私がセラピストとして実施した。結果、〝言うことをきく〟ことができるようになったが、毎日プログラムを考え、しかも臨機応変にその場に対応することにプレッシャーを感じて、私がつぶれてしまった（心療内科行き）。その後ABAはやめ、結局、私には〝ちょっとていねいな子育て〟が限度だということがわかった。パワーがある人は一度やってみてもよいと思う。（非定型自閉症／3歳男）

●台所がひどいことに

台風の日に外に出られず、子どもと家でクッキーづくりをした。しかし、息子は療育園での小麦粉遊びと同じだと思ったのか、それはそれは台所がひどいことになった（笑）。（PDD／3歳男）

●違いがわかる男子！

トミカが好きだったので、幼稚園の入園のときに、手提げ袋や座布団カバーなど、すべてトミカがプリントされた布で手づくりした。ところがそれを見たとたん「こんなの嫌だ！　これはトミカじゃない、にせものだ！」と泣き出した。どうやら子どもは本物のトミカや写真が好きなのであって、絵はにせものだからきらいな

子育てコミュ⑭ ちょっと失敗 トホホの話

ようだった。結局、手づくりでそろえたグッズはすべて使わず、ほかの布でつくり直し、ぎりぎり幼稚園入園に間に合わせた。トホホ。

（PDD／12歳男）

●教えるのが早すぎた

幼稚園時代に、時計の針を示して、イラストで行動を伝えていたが、まったく興味をもってくれなかった。ところが、小学生になると、事前に「5時になったら宿題しよう」と言うだけで、あっさりできるようになった。

（PDD／9歳男）

●カッとつい責めてしまう

何度言っても伝わらない、できない息子に、ついカッとなり、追い詰めた言い方をしてしまうことが多々ある。とにかく忘れ物が多いので、「今日はこれとこれは持って帰るのを忘れない」と絵に描いて、かばんに貼っても、それすら見ていない。今は毎日根気よく伝えていくことしかできないな、と取り組んでいる（泣）。

（高機能自閉症、ADHD／9歳男）

●小学校選び

近所の小学校はとてもにぎやかなので、うちの子が通うのは無理かなと思い、遠くの少人数の小学校を選んだ。しかし、歩いては通えず、ずっと親の自転車で送り迎えをすることになってしまった。どんどん子どもは大きくなり、親のほうが体力的にたいへんになってしまった。

（PDD／10歳女）

●相談は専門家に

障がいがわかった2歳のころ、私もまだ息子の特性がわからず、パニックに悩んでいた。そのことを母に相談したところ「命に関わる危険なことは、たたいてでも教えなくてはいけない」と言われ、即、実行。しかし、その行為は火に油、何度試してもパニックがひどくなるだけで何の効果もなかった。子どもの相談は、専門家にすべきだと思った。

（ADHD／12歳男）

●金銭的にトホホ

うちの子どもたちは、何にでも興味がすぐにわくので、「習いごとを始めたい！」と言う。けれど、長続きしないので、願いを叶えつつも、金銭的に「もったいないなぁ〜」と思う。

（PDD／6歳男 AS・ADHD／10歳男）

●薬が合わない

小学校の低学年のころ、ドクターの薬の処方が、本人に合わなかったようで、薬の時間が切れると大パニックになり、毎回私は学校に呼び出されていた……。

（PDD／12歳男）

●時間厳守

小学校の高学年になり、留守番ができるようになった。「ママはスーパーへお買い物へ行きます。3時に帰ります。待っててね」と伝えると安心して待てた。しかし、予定の時間を過ぎて、帰宅すると、玄関で大泣き。スケジュールに正確なので、時間は長めに書くようにしている。

（自閉症／12歳男）

●親の笑顔が大事

たくさんの絵カードや表をつくったが、私の力が入りすぎているのが子どもに伝わったのか、まったく興味を示さず、お蔵入りに……。やはり、親が肩の力を抜いて、笑顔で接することって大事なのね……と痛感した！

（PDD／11歳女）

佐々木正美先生に聞きました

5

イライラが止まらない！自分の感情とどう向き合えばよいのでしょうか？

生活がスムーズに送れません。工夫し辛抱強く教えても、よい習慣が身につかず何度言っても覚えない子どもにイライラしてしまいます。そして、そんな自分に落ち込みます。どうしたらよいのでしょうか。

ひとりでは消化できない

個人の苦しい感情は、人間関係のなかでしか処理することはできません。個人で悩み、解決をしようとしても難しいことです。

悩んで孤立してしまうことは、子育てのイライラや怒りをさらに大きくしてしまいます。どうしてよいかわからないときは、とりあえず「人」に相談します。実家のお母さん、お義母さん、小児科医や保健師さん、療育センターの先生、そして子育ての仲間たち。

療育センターに子どもを通わせているお母さんたちは、そこで受けられるサポートもさることながら、同じ問題に直面している仲間に出会えてよかったとおっしゃるそうです。強い絆が生まれて、何年もつき合いが続くとも聞きました。

子育てに安定的な気持ちをもてる人は、とにかく「あの人に聞いてみよう」と思って行動しています。逆に不安が強い人は、育児書や育児雑誌、最近ではネットの情報ばかりに頼ってしまいがちです。人に相談できないのは、お母さん自身が、もともと人と関係をもつことに不安があったり、人に甘えることができないからかもしれません。

人は頼ってよいのです。

さまざまな特性をもっている子どもをかかえて、苦労している親子のまわりには、それを助けたいと願っている人がたくさんいます。

夫婦の会話を増やす

最近は、「イクメン」などということばまで生まれて、育児に協力的な父親が増えました。療育センターでも、子どもを連れて来ているお父さんの姿をよく見かけるようになったといいます。

私はかつて、厚生省（現・厚生労働省）の委託を受けて、神奈川県で子育て中の母親の気持ちに関する調査をしたことがあります。5000人ぐらいに協力をしてもらったと記憶しています。これは発達障がい児の育児に限ったものではありませんでしたが、3分の2もの人が、育児に大きな不安をかかえていることにびっくりさせられました。その回答を細かく分析してみると、「育児に協力をする夫がいる夫婦」もさることながら、「コミュニケーションがうまくいっている夫婦」の母親の気持ちが安定して、いきいきと子育てに取り組んでいることがわかり、また、おどろかされました。

夫婦に会話があり、お互いが理解し合えていると、お母さんは育児の悩みを相談でき、相談できているとイライラすることが減るのです。

これはどんな子育てであろうと同じです。

ご夫婦で子どものことを見守り、たくさん会話をされたらよいと思います。

苦手なことは苦手のまま

ところで、私は「子どもが教えることを覚えてくれないことにイライラします」という質問が気になります。お母さんは何を教えようとして、イライラを覚えるほど必死になっているのでしょうか。

発達障がいの子どもの成長は、単に遅れているのではありません。発達に凸凹があるといいますが、子どもたちはもともと脳の機能に障がいがあり、脳の多様な機能を「同時統合的」に働かせることがうまくできません。

優れた能力を発揮することもある一方で、ふつうの子どもが自然にできるようになることでも、なかなかうまくいかないことがあります。

苦手なことが、得意なことに変わることはありません。

その苦手なことを身につけさせるには、どうしたら子どもの特性に合った覚え方ができるかを考えた創意工夫が必要ですし、繰り返し一つひとつを手に取るように教えていく根気も必要です。

でも、もし、覚えることに何の楽しみもなかったら、お母さん以上に、子どものほうが苦しいかもしれません。

そして、もしそれが、子どもの機能的に見て無理なことであれば、子どもの苦しみはさらに、深いものになってしまいます。

どんな子育てでも同じですが、「できた！」「できない！」ということに親がこだわり、子どもにがんばれと言い続けることは、好ましいことではありません。子どもは「できない自分」は否定されているのだと感じます。

できない自分はダメなんだと思ってしまいます。

「できない」ことにこだわることはありません。

　親にとって、子どもの成長ほど楽しみなことはありませんが、無理せず、歩いた！　と言って喜び、笑った！　と言って喜んだように、小さな「できた」をほめて、積み重ねていっていただけたらよいと思います。

子どもを幸せにする喜び

　私は、ティーチ（TEACCH）プログラム発祥の地であるノースカロライナ大学を何回も訪問し、たくさんのことを教えられ、また、感動するシーンに出会いました。

　その中で、忘れられない、あるセラピストのことばがあります。

「親になった者には、ふたつの大きな喜びがありますね」

セラピストは重い障がいがある子どもを育てているお母さんにそんなふうに話し始めました。

「ひとつは、子どもが将来どうなるだろうと、さまざまな期待をもつことができる喜びです。ふたつめは、子どもの人生を幸せにしてあげる喜びです」

それから、セラピストは母親に、ひとつめの喜びより、ふたつめの子どもを幸せにする喜びを中心にして育児をすることをすすめました。そしてこう言いました。

「親として、子どもを幸せにしてあげる喜びにまさるほどの大きな喜びは、そうあるものではありません」

私もそのとおりだと思います。

親の希望や欲求よりも、子どもの幸福な人生を優先させてあげることで、親は大きな喜びを感じることができるのだと思います。

佐々木正美先生に聞きました

6

療育はできることを伸ばすほうがよいの？　できないことを引き上げるほうが大切ですか？

発達の凸凹が激しいと発達検査の評価が低くなってしまいます。評価によって普通学級、支援級、支援学校など進路が左右されるだけに、できないことを引き上げたくなります。それでもできることを伸ばすほうがよいのでしょうか？

凸凹の差は大きくていい

結論から言いましょう。

得意なことを伸ばすほうがよいのです。

苦手なことが少しでもできるようになるために努力するより、好きなことや得意なことがよりよくできるよう、助けてあげてください。下を引き上げないと、上との差が大きくなると気にされているのかもしれませんが、差は開いてもよいのです。

こうした子どもたちは、得意なところでしか社会に出ていけません。そしてできるところが伸びていくと、不思議なことに、できないことはどうでもよくなってしまいます。

この質問を聞いて、思い出したのは土光敏夫さんという人のことです。もう亡くなれていますが、東芝の元社長であり、経団連の会長などもされた、政財界に大きな影響を与えた実業家でした。しかし、土光さんのドキュメンタリー番組がテレビ放送されたときは、その質素な生活ぶりにびっくりしました。奥さんとふたりで向かい合って食べる朝食のおかずは、メザシが2本、味噌汁とお漬け物ぐらいです。そして

「おかわりはありませんか」

「ありませんよ」

そんな会話をしています。

土光さんは、昼間は堂々として、たいへんな存在感を放っている。でも家庭では慎ましい。どちらかと言えばしょぼんとしている。

でも、その落差が人間の魅力なのではありませんか。

なにもかも平均的にできたら、それはそれでよいのですが、そうでなくてもよいのです。むしろ、人間というのは、落差がなかったらつまらないと私は思います。

できること、できないことの落差が開くなんてことを気になさる必要はありません。

発達検査にこだわりすぎずに

お母さんたちが、できることとできないことの差を気にするのは、発達検査でDQやIQの数値を引き上げたいというお気持ちがあるからだと聞きました。その背景には、数値によって、教育委員会などが就学先を決めてしまうということがあるのですね。

3歳のときから、中学生になるまで、発達検査を何回も受け続けている子どもの話も聞きました。そうした就学の決め方は、基本的にはやめたほうがよいと、私は思います。

しかし、もしも、お母さんが、なんとかしてIQを上げて、普通学級に通わせたいというお気持ちをお持ちでしたら、むしろ、その点をゆっくりと考えてみてください。

考えていただきたいのは、普通学級で、定型発達の子どもたちと一緒に勉強することが、その子どもにとって幸福なことかどうか、ということです。

理解者のもとなら安心して学べる

かつて、私は統合学習がひろまることに熱心だった時代があります。40年前のことです。そのころは、健常の子どもと、障がいがある子どもが一緒に学ぶことで、お互いによい影響を与え合うと、確かな根拠がないまま信じていました。

クラスにいて、決まった時間は着席していられるようになる。みんなの中にいることが、発達なのだと考えていました。当時は私だけでなく、世界中の専門家が、発達障がいについての理解が足りず、同じように考えていたと思います。

そのことで本人がどれほど苦痛を覚え、心に傷を負うかもしれないということまでは理解が及びませんでした。

みんなと一緒に机に向かって座っていることや、運動会の練習などの集団行動のときは、さぞ、苦痛であったでしょう。

それに、学校の先生は、どうしても集団で行動することや、みんなと同じようにできることに重点を置いてしまいがちです。これは、配慮のある教育とはいえません。

本当は、子どもたちの発達障がいの特性を個性のように受け入れて、弱点や苦手なところはそのままにしておいて、優れたところを伸ばしていく教育ができるとよいのです。

普通学級がいけないと言っているのではありません。そこで、障がいのことを理解して、子どもたち一人ひとりの特性に合った教育が、家庭と協力し合って実現できるのであれば、よいのです。

子どもたちは、まわりの人が自分のことを理解してくれているときに、安心して学び、一緒に生活していく力を身につけていきます。その世界を、発達障がいの子ども自身の力ではつくることはできません。

そのことを考えて、生きる世界を選び、つくっていってあげてください。

第4章
関わりながら生きていく

プロのサポートが欠かせない。よい出会いがあるなら、台風だって怖くない。

天気予報によると、明日は首都圏を台風が直撃するという。病院に子どもの診察予約をしているというのに、だ。

しかし、キャンセルなんてもったいない。薬の調整のことも相談したい。

えいっ、思い切って行こう！

私は、台風でも病院に子どもを連れて行こうと決めた。

今の病院で私は「この先生なら安心！」と思える医師に出会えた。小学校入学を前に長男の正式な診断書が必要になり、その病院をはじめて受診すると、M先生は、1時間以上も話を聞いてくれた。

そのとき、私は、子どもの症状を相談するだけでなく、1歳半健診のとき、要観察とされながら、療育センターを受診する順番が回ってこなかったことや、6歳の健診で「要観察になっているけれど、どうしたの？」と言われた話もうったえた。

M先生は、「医療と教育がばらばらだから問題が起こる」と言いながら話を聞き、医療的なことをいろいろと教えてくれた。

それから、「僕もね、アスペなんだ」と言うではないか。すると、隣の診察室から顔を出した教授先生が「私はＡＤＨＤ。でもちゃんと仕事している」と言うのだ。

そうなの？　ちゃんと社会に出て行けるの？　半分は冗談かもしれないが、うれしかった。

ときには静かに離れる

私たちのような子育ては、いろいろな専門家のサポートが欠かせない。医師、心理士、作業療法士、言語聴覚士……。なかには、自分自身がカウンセリングに通っている人もいる。すばらしい専門家に出会えると、未来に希望がもてるようになることも多い。一方で、評判が高くても、この先生とは合わない、その人と会えば落ち込むということもある。

そういうときは、静かに離れればよいだけ。ただし、何軒もの病院、何人もの医師をさすらっている場合は、「有名な医師なら治してくれる」と間違った思い込みをしていることもある。

たとえば、私のまわりでは、信頼できる医師に出会ったのは、「３人目」「４人目」という人が多い。でもその医師がだれにとってもよいわけではないこともわかっている。

さて、話を戻して台風の日のこと。私たち親子は、患者がいなくてガラーンとした病院で、Ｍ先生の診察を受けた。診察時間は1時間30分！

親の話をじっくり聞いてくれる医師が、私にとってはベスト。また、台風と診察日が重なるといいな。（ロゼッタ）

子育てコミュ⑮

専門家との出会い

●心理カウンセラーとの出会い

娘が小1のとき、心理カウンセラーがついている同級生がいた。ときどきカウンセラーを学校で見かけていたが、声をかけられずにいたところ、担任に「一緒に相談してみたら」と言われ、紹介してもらった。このカウンセラーに出会ってから、娘の状態は安定するようになった。担任への「娘の状態の伝え方」や「学校と連携した支援のしかた」を教えられ、「親の心のケア」もしてくれた。医師、作業療法士、言語聴覚士、療育機関も紹介してくれた。

（PDD／11歳女）

●最高の医師

最初の医師は、療育センターで出張診察をしていた医師。高齢だったが、質問したことに、ていねいにことばを選んで答えてくれる先生だった。子どもの成長に大きな転機があったとき、「お母さん、よくがんばりましたね」と一緒に喜んでくれた。2番目の医師は、予約から診察まで1年半待った末に出会った。数十万円かけての診察だったが、送られてきた報告書には、ところどころに違う子どもの名前が入っていた。文書が使いまわされているのではと不信感をいだいた。見解も私の見立てと違いすぎたので、それっきりでやめた。

3番目の医師は現在の主治医。この先生から診断名が変わった。親身になって向き合ってくれる。問題には必ず具体策を提案し、わからないことは正直に言ってくれる。薬は処方するだけでなく、後日のヒアリングや数値チェックも欠かさない。私や息子の意見にも耳を傾け、見守ってくれる。

（ADHD／12歳男）

●作業療法士

小2まで病院内の作業療法に隔週で通っていた。感覚統合から、箸、なわとび、鉄棒、ボール投げ、えんぴつの持ち方、定規、コンパス、ひも結びなどを教えてもらった。子どもを行動観察し、この動きには、どの筋肉のトレーニングが必要かなどを分析し、子どもが意欲的に取り組める方法を考えてくれた。いつも楽しく遊ぶことがトレーニングになっていた。さすがプロだと感心することが多かった。

（PDD／12歳男）

●医師の力を引き出す

1番目の医師に出会ったのは1歳のとき。特に困った状況ではなかったが、はっきりと親に自覚を促してくれたことに感謝している。現実には、はっきりと伝えない医師が多く、療育が遅れてしまうケースもあると聞く。2番目の医師は3歳のとき。待ち時間ばかり長く、診断はなし。療育への具体的な導きもなかった。

3番目の医師も3歳のとき。具体的な療育活動をしてくれたので、週に1回通った。しかし、一緒に連れて行っていた健常の妹の分までカルテをつくられ、毎回健康保険に2人分の請求をしていた（本人負担がない町なので、通常ではわからない）ことが発覚し、信頼できなくなり、やめた。

4番目の医師が現在の主治医。こちらが困っていることを相談すると、明確な手立てを打ってくれる力のある先生だ。ただし、具体的な問題を提起しないと、先生の力を引き出せない。ただの訪問者にならないように注意している。

（高機能自閉症／12歳女）

子育てコミュ⑮ 専門家との出会い

●療育園の先生

子どもに「しつけ」や「生活スキル（食べる、着脱、トイレなど）」を教えられずに悩んでいたとき、療育園の先生がことばをかけてくれた。「発達障がい児のしつけは、親だけではできない。親が教えられないことと思ってもよい。これは私（先生）たちの仕事だから大丈夫」。本当に救われた思いだった。子どもへの個別指導では、このほかに、あいさつ、数字、カレンダー。1日は朝～昼～夕～夜があり、止まらないという時間の流れや季節、天気、これらは自由にはならないことなどを教えてくれた。（PDD／14歳男）

●スイミング指導員

子どもの体幹ができないうちは、教えたことが身につかないと思い、水療育をしようと考えた。専門の先生を探し、サークルを立ち上げた。「継続は力なり」。長い年月の先を見すえ、続けてきてよかった。しっかりした体に成長した。（PDD／12歳男、ADHD／13歳男）

●色は音楽療法士から

4歳のとき、療育センターのママ友に音楽療法士を紹介してもらった「この曲では赤の輪の中に入りましょう。あの曲では青、こちらは黄色」と、曲を聞き分け、色の名前を遊びながら学んだ。数か月通い、色という概念も覚えられた。（ADHD／10歳男）

●医師が違えば

最初の医者は、気持ちが暗くなる話ばかりしていて、今、何をすべきかを言ってくれず、私はどうしたらよいのか、わからなかった。次の医者はとても明るい人で、息子を「かわいい」と言ってくれた。「パニックは子どものせいじゃない」とキッパリ言われて、目が覚めた気もした。妹にも気になるところがあるからと、パニックを起こしているビデオを持参したところ、すぐに診てくれ、その場で療育の申請を受けつけてくれた。

（PDD／10歳女、12歳男）

●心理カウンセラー

同じマンションに住むママ友に紹介してもらった。小さいときは家族で、大きくなってからは子どもだけが通っている。先生は園や学校へ出向き、子どもを取り巻く環境と子どもの行動を観察、問題点と対処策を園や学校に提示してくれた。子どもに問題が起こったときは、解決に至るまで、取り組んでくれた。子どもの視点を第一に考えるが、ときには母の立場に立ってくれることもある。わが家には大事な存在だ。

（ADHD／12歳男）

●療育センターの存在

子どもが何かができるようになることをもとめる前に、現実をしっかりと受け入れる、親のトレーニング施設でもあった。

（高機能自閉症／12歳女）

●言語聴覚士

5歳から小2まで通った。はじめは口形模倣や舌の動かし方の訓練をした。年長のときに、まだ文字が書けないことを相談すると、「おえかきせんせい」を使いながら、文字と音を結びつけるトレーニングをしてくれた。おかげで字が書けるようになった。

（LD／11歳男）

●視能訓練士

検査の結果、息子は対象物の周辺をぼんやりと見る傾向があり、周辺視が弱いと言われ、月に2回視能トレーニングを受けている。

（自閉症／11歳男）

●スクールコーディネーター

話は聞いてくれるが、いつも解決には至らない。学校での娘のようすを見ていると言っていたが、見て欲しいところを見ていない。スキルの未熟さと視点のズレを感じた。

（PDD／11歳女）

つらいけれど、隠さないほうが、味方が増える。理解される。

「お母さんたちが集まるときに、ひとこと、言っておいたほうがいいわよ」と小学校入学前に、幼稚園の副園長先生からそう言われたときは、嫌な気持ちがした。

「えっ、さらし者じゃない！」

でも、言われるままに、りゅーのことを説明する文書を書いた。どうしたら、誤解されずに、わかってもらえるかを考え、悩みながらレポート用紙2枚ぐらいにまとめていった。そして入学式の日、お母さんたちの前でそれを読み上げた。

「少しADHDのようなところがあり、突然、机をひっくり返すようなことがあるかもしれません。それは、危害を加えたり、友だちを傷つけようとしているのではなくて……」

やっとのことで読み上げた。晴れがましい日に、こんな文書を読むことは、悲しかった。でも、読み終わると、お母さんたちの間から、自然にパチパチと小さな拍手が起こった。

よかった。応援してくれるんだ。

それから、同じクラスのお母さんは、「りゅー君、がんばっていたわよ」とか、「りゅー君がこんなことをしていたけれど、どのように注意したらいいの？」などと、声をかけてくれる。

りゅーのようすは微妙だから、言わなければ気づかない人も多いと思う。けれど、最初に言ったおかげで、理解者が増え、味方が増えたと思う。（かーちゃん）

居心地がよいのはどっち？

地域や幼稚園（保育園）、学校などに、見守ってくれる人が多くいることは、子どもの育ちの強い味方になる。そのために、隠さず自然に暮らすというだけでなく、自分から周囲に説明をしている父母もいる。保育園の保護者会で、「こんな行動をするのは、こんなときです。そのときはこう接してください」と書いたプリントを配った人もいる。ご近所に説明をしている人もいる。そんなママは言う。「誤解している人はいるけれど、やさしい人のほうが多い。地域に守られながら、わが子は育っていると思う」

でも、子どもの状態が軽くて、幼いころに周囲に告げるタイミングがなかった場合は、ちょっと事情が違う。「友だちには知られたくない」と本人が思うなら、その気持ちは無視できない。大切にしなくちゃいけない。

どちらにしても、親が恥ずかしい、隠しておきたいから隠すというのは避けたいこと。住んでいる地域によっては、公表は難しいことかもしれない。でも、大切なのは子どもにとって居心地がよいのがどちらかを判断すること。逃げないで、決めることだと思う。（子育てネット）

子育てコミュ⑯

まわりへ伝えるということ

●知らせることで知らされた

今の町に引っ越したのは、重度障がいの兄の学校があったから。その養護学校の隣に、弟が通う小学校があった。どちらの学校にも、家族全員の情報を知らせ、把握してもらっていた。

そのおかげで、弟がいじめられていることを、兄の養護学校の先生の通報で知ることができた。「息子さんは横丁に入るとやられています」。情報を知らせたことで、息子を守ることができた。地域に見守られていると感じた。（PDD／12歳男）

●交番にプロフィール

3歳のころ、徘徊することがあり、何度も警察にお世話になった。近所の人には「ひとりでいるのを見かけたら、連絡して」とお願いし、交番には写真とプロフィールを預けていた。（自閉症／12歳男）

●地域に知ってもらう

地域とのつながりを大切にした。あいさつをすることは基本。いつ、どこで自分の子がお世話になるか、わからないのだから。うちの場合、現在学区外の中学校へひとりで登下校している。幸せなことに、ご近所さんや小学校のママ友をはじめ、卒園した幼稚園の通園バスの先生、小学校のスクールガードのおじさん、中学校の前の家のおばちゃん、たくさんの人たちに気にかけてもらっている。知り合いだけではなく、町内スピーカーのようなおばちゃんたちにも、こちらの事情を、ある程度伝えておくといい。いざというとき、とても力になってくれる。

（自閉症／13歳男）

●男、医師、専門家が効く

園や学校で何かあったときは、父親でもジィジでもよいので、男を連れていくと威力がある。それでも聞いてもらえないときは、専門家を出す。幼稚園に「ホワイトボードを使ってほしい」「呼びかけは個人的に」とお願いしたことがあった。園長先生は「そんなものは必要ない。自然に遊びの中で学ばせましょう」とスルーされたので、医師に直接電話をしてもらった。

（AS／13歳男）

●特徴を知ってもらおう

社宅に息子のようすを伝えていた。今の家に越してきたときも、お隣には息子の事情を詳しく説明し、「すみません。子どもがときどき、大きな声を出したりしますけど……」と伝えた。ことあるごとに、お土産などを持って行き、おすそ分けなどもしている。町内会の人にも「ちょっとうちの子、こういうところがあって……」と、障がい名ではなく、行動の特徴を伝えるようにしていた。

（AS／12歳男）

●いなくなると電話が

長男がいなくなったとき「お兄ちゃんが店の前を歩いてるけど、用事で来てるの？」という商店街の人の電話で見つかった。また、「体操着が届いてるよ」という連絡がきたこともある。街の人に助けられ、今がある。

（ADHD／13歳男）

●黙って見守られている

特に小さいうちは地域を上手に使い、子どもの情報をオープンにした。地域の人は黙って見守ってくれるだけで、本人に障がいのことなんて言いやしない。わかってもらっているから安心していられる。

（PDD／12歳男）

幼稚園探しはママの試練。「社会」を知って、賢くなる。

秋は幼稚園探しの季節。2学期が始まると、療育センターでも、来春からの進路について話し合いが行われる。面談の結果、ジュンは療育センターを離れ、幼稚園の年中クラスに通うことになった。選択肢は3つあった。

1は自閉症児保育の経験豊富な遠い私立幼稚園。2は障がいへの理解があるわが町の私立幼稚園。3は家庭的な無認可幼稚園。

ママ友情報では、町の私立幼稚園には、障がい児枠があり、1クラスにひとりは受け入れているという。そこで、選択肢の2に決めてリストをつくると、見学を依頼する電話をかけた。

「特別なお子さんはお断りしています！」

と断る園もあるなか、ようやく見学のお許し（何も悪いことをしていないのにお許しだなんておかしな話だ）が出た。

「うちは、障がい児に理解があるほうだと思います」

そう言ってくれた園を、最初の見学先

に選んだ。そして、指示通りの時間に新しいベストを着たジュンと幼稚園を訪れた。

こちらからの「ノー」

実は、はじめての場所が苦手なジュンがパニックを起こさないように、数日前に幼稚園に行き、門の鉄格子から頭をつっこみ、園内を親子でのぞいた。

「今度、この幼稚園に遊びに来ます！　積み木や電車があるらしいです」という楽しい情報だけでなく、園長先生とお話をしなければならないことも伝えていた。

しかし当日……、

「ここに座っていましょうね！」

園に着くと、早速、ジュンは先生から指示を受けた。しかし、はじめての場所への不安は多動をまねく。ジュンは職員室の中を興味のおもむくままにふらりとし、勝手に机の引き出しを開ける。

すると園長が言った。

「自閉症とおっしゃるので、静かなお子さんかと思っていました。もっと症状が重いとよいですが動きまわるのでは……」

「えっ⁉」

私は耳をうたがった。

そして、園内の見学をするはずだったけれど……やめた！　この園はやめようと、すぐに決めた。

指導者に障がいに対する知識や理解があるかどうかは、子どもにとっては大きな問題だ。だって「あの先生は嫌だ」とは言えない子どもたちなのだから……。

こちらからの「ノー」だってありだ。

「では、ここで失礼します」

私は幼稚園を後にしたのだった。

その後、いくつかの幼稚園を検討しな

がら、最終的に選んだのは、選択肢1。自閉症についての知識が豊富な保育者がそろう私立幼稚園だった。

通園には2時間近くもかかる。それでも、子どもにとっては、ふつうの幼稚園よりいいはず。療育の環境が整っていることを最優先する選択だった。（有楽町）

あきらめない

私は、息子を年中クラスに入園させてくれる幼稚園を探した。9月の半ば、夫が卒園した幼稚園に電話をかけ、「実は……」と園長先生に相談してみた。「年少の途中からでも、入園できますよ」

そんな先生のことばは、飛び上がるほどうれしかった。けれど、市には幼稚園に通う場合は療育センターをやめるという規定があるので、来春の新学年からの入園を希望した。ところが……。

入園審査の時期が来ても、その幼稚園からは何の連絡も来ない。依頼をしても、入園審査さえしてもらえず、入園許可は先延ばしにされた。連絡すると、園長のことばは歯切れが悪く、挙げ句の果てに「4月の入園では、まわりも落ち着かないので、お子さんの安全は保証できません。入園は6月ぐらいにしてください」と言われてしまった。

入園させたくない。そういうことか。

私は、「ご迷惑をおかけしました」と断り、ほかの入園先を探すことにした。とはいえ、すでに12月。どの園も来年度の入園者は決まっている。あせった。

「健常児ならよいのですが……」という園もあった。でも、「息子の居場所は私がつくる！」「落ち込んでいる暇はない」と自分で自分を励まして、リストアップ

した幼稚園に電話をかけまくった。

「受け入れの方向で考えましょう」

そんな園と出会え、見学、面談を経て、入園許可が出たのはクリスマスまであと3日という寒い日。年を越さずにすんだ。

健常の子であれば、いろいろな幼稚園の中から選ぶことができるけれど、障がいがあるとそうはいかない。その差を思い知らされた。

でもよいことがふたつあった。まず、入園した幼稚園が子どものためによかったと心の底から思えたこと。ふたつめは、私自身が変わったこと。おとなしい性格だったけれど、案外と熱血な部分があると自分に感心した。

幼稚園との出会いには運もある。でも、あきらめてしまうと、つかめる縁もつかめない。あきらめなければ、その子に合った幼稚園はきっとある。


（キタマ子）

子育てコミュ⑰

子ども同士の世界

●息子が絵を教えた！

幼稚園のとき、同じクラスの友だちのお母さんから「絵が描けなかった娘が描けるようになった」という話をされたことがあった。詳しく聞いたところ「娘がSくんに教えてもらったって言ってたよ。Sくんありがとう」とお礼を言われた。それを聞いて、息子も人のお役に立てることがあるんだな〜と、とてもうれしかった。（自閉症／12歳男）

●高学年にからかわれ

近所の公園で、弟と一緒にマラソンをしていたとき、小学校の高学年の男の子たちが、息子をからかいながら100メートルくらい追いかけてきた。息子は「嫌だー」とすごく怒っていた。ちょっと首をかしげて走る姿がおもしろかったようだが、ショックだった。（自閉症／9歳男）

●ピンポ〜ンは嫌だ

小学校に通うにあたり、通学路の途中に家がある友だちと一緒に通学させたいと思った。そのお母さんと相談し、家のチャイムの鳴らし方を練習するなど、準備をしていた。いよいよ当日、朝に「行ってきます」と出て行って10分後、「トイレに行きたくなった」と泣きながら戻ってきた。その次の日、再挑戦するも、「来ないよ」と連絡があり、あわてて探すと、すでに学校に到着していた。「ピンポンするのが嫌だった」とのことだった。それ以来、無理させず、ひとりで通わせている。

（ADHD／6歳男）

●間違った行動に反撃され

4歳まで友だちの髪を引っ張るなどの他害があり、なかなか行動を修正することができなかった。しかし、入園から1か月がたったころ、友だちから仕返しをされた。息子は怖くて誰に呼ばれてもいすの下から出られなくなった。そして、自分のいすを部屋の隅に置き、みんなのようすをそこから観察するようになった。園では無理強いせずに、息子のやりたいようにさせてくれた。数週間後いすから離れ、ひとりでみんなの輪に戻った。他害はなくなっていた。（ADHD／12歳男）

●交流したい

6歳で、友だちに興味をもち始めた。一方的に友だちに触り、ただ反応を見て喜んでいるのだが、嫌がられることもある。バスの中で知らない人に突然触ったこともある。だから今は、息子の行動を私が止めている。

（自閉症／9歳男）

●兄妹から母を奪えない

オムツがとれなかったので、幼稚園に予備のパンツを持たせ、先生にトイレに頻繁に誘ってもらった。でも、うんちはテーブルの下で隠れてしていた。その話を保健師にしたところ、「障がいのある兄と生まれたばかりの妹に母の手がかかるので、精神的に不安なのだ」と指摘された。家族に協力してもらい、ふたりだけの時間を増やすと、すぐにオムツがはずれた。

（ADHD・PDD／11歳女）

子育てネットからの提案

個別支援計画書づくりをひろげよう！

平成19年4月「特別支援教育」が学校教育法に位置づけられ、すべての学校で障がいのある児童生徒の支援が約束された。

法の制定で障がい名は浸透したけれど、残念ながら現場では、法にうたわれた「一人一人の教育的ニーズを把握」することも、「生活や学習の困難を改善又は克服するため、適切な指導及び必要な支援」をすることも十分ではないようだ。

そうは言っても、子どもは成長する。適切な指導が浸透するのを待ってはくれない。では、適切な支援を園や学校にもとめるにはどうしたらよいのだろう。

有効な手段のひとつに、S区が行っている「個別支援計画書」がある。ママの体験から全国にひろめたい方法のひとつだと思った。教育委員会のすすめで作成した。まだこのしくみがないとしても、園や学校に提案し、一緒にやってみることはできる。挑戦してみてはどうだろう。

個別支援計画書の作成方法

個別支援計画書の作成は、子どもをみんなで観察することから始まる。そして、身辺自立の現状、感覚過敏の有無や微細運動などの身体的特徴、独特のコミュニケーション方法、興味の対象、得手不得手などを箇条書きにする。問題行動などについては、家庭での有効な手立ても一緒に書いておく。

それに、医師や言語聴覚士、作業療法士などの報告書をプラスして、園や学校と支援方法を話し合い、個別支援計画書としてまとめていくのだ。

話し合いの場に集まるのは、両親、担任の先生、通っている子は通級の先生。話し合いの内容によっては校長先生、養護の先生にも同席してもらうこともある。

2012.4.1

個別支援計画書（例）

○○小学校（担任）○○○○

生徒氏名	○○○○	男・女	1年○組	○番

願い		
	本人	◎もっと楽しく友だちと遊びたい。◎算数をがんばりたい。
	保護者	◎本指導計画をもとに、子どもの特性や状況を把握した指導をしてほしい。

学期の目標 （支援の方針）	◎場所に合った声の大きさで、発言したり、友だちと話したりする。 ◎ノートに文字をゆっくりていねいに書く。

	問題行動	支援のヒント	指導の手立て
問題行動	両手で頭をかきむしる。	どうしたらよいのか困っているときの行動。	「大丈夫だよ」と声をかけて、安心させてから、「どうしたの？」と理由を尋ねると答えられる。
	耳をふさぐ。	聴覚過敏で、まわりの子よりも音が大きく聞こえている。	みんなと一緒にいられないときは、ほかの教室へ移動させる。

	目標	支援のヒント	指導の手立て
学習面	ノートをきちんととる。	スピードや勝敗にこだわるところがある。がんばる楽しさが実感できるような場面があるとできる。	ノートの書き方がていねいだと「こんないいことがあるよ」と具体的な指導をし、きちんと書こうとした姿勢が見えるときは賞賛を繰り返す。
身体面	姿勢よくイスに座る。	筋力が弱いため、きちんと座っていられない。	「足はペタペタ（床につける）、手はおひざ、背中はピーンと」など、みんなで楽しく繰り返し唱えさせ、姿勢を意識させる。
生活面	身支度や学習の用意を自分でする。	着脱しやすい服で登校させる。友だちを見たり、まねをするとできることがある。	道徳の時間に、整理整頓を指導し、毎日確認するようにする。
対人面	友だちの気持ちを考える。	自分の思いが、相手に上手く伝わらないときに、手や足が出ることがある。	トラブルがあったときは、両者に理由を聞き合うように、クラス全体を指導する。それぞれが理由を理解するまで待つ。
そのほか	場所やまわりを意識して、声の大きさを調整する。	教室、校庭、体育館など、声の大きさがわかりやすい場で考えさせる。	「声のものさし」を示し、そのつど助言をする。

親が望むことと、先生ができそうなことを相談して決めていく。

具体的な内容は、次のようなことを書いていく。

【問題行動】とその【指導の手立て】、【支援のヒント】を書くことで、自分の思いを表現できない子であっても、だれもが行動から思いを推し量ることができる。

それに【目標】とその【支援のヒント】と【指導の手立て】だ。

このような決めごとを、園児や低学年であれば学習面、身体面、生活面、対人面、そのほかに分けて記載する。そして、学期ごとに振り返りの機会をもち、達成度を確認し、成長に応じて内容を書き変えていく。

目標のハードルは、もうちょっとでできそうなことを設定したほうがよい。そうすれば、親子ともに達成感が得やすいし、無理なくやりとげることができるので、次の意欲につながりやすい。

体験したママは、園長、校長の力添えを得て、学校と子どもの情報を共有することで、いくつもの問題を乗り越えた。

話し合いの場には、できる限りパパにも出席してもらおう。論理的な男性脳は、的確に話をするからか真意が伝わりやすいようだ。また、夫婦間にありがちな、障がい理解の温度差も、教育の現場に参加させることで縮まり、家庭での子どもとの関わり方も変化する。

歩行が困難な子が車いすに乗るのと同じように、ことばや表情で思いを伝えることが苦手、学習のしかたがまわりとは違う子には、学びやすい環境をつくってあげればよい。車いすが足の障がいを補うように、成長を妨げている何物かが取り除かれ、すくすくと育ちだす。

（子育てネット）

子育てコミュ⑱

ママのやる気アップいろいろ

●感情を抑え込まない

つらいときは、思いっきり落ち込んで、思いっきり泣いた。学校からの帰り道に、自転車をこぎながら泣いたこともある。周囲からは心配されたが、自分のつらい思いを抑え込まずに、感情を動かして自然に任せたことがよかったようだ。そこには温かく見守り、受け入れてくれた人のことばもあった。毎晩お風呂で、自分に言い聞かせるように感謝のことばも言った。そうすると、悩みがあっても、気持ちが切り替わり、眠りにつけた。

（ぴいちゃん）

●成長した仲間の姿

息子と同じ障がいがある、年上の子どもたちのようすを見ると、元気が出た。数年後にはこのように成長しているかもしれないと思うと、うれしくなれた。つい、今の状態がこの先ずっと続くような気がしてしまうが、成長しない子どもはいない。未来があることに気づかされた。

（有楽町）

●私の子育ては花まる

子育てについて、学校の先生や親せきなどから、私は責められることが多かった。でも、相談機関の先生や医師、通級（普通級に在籍しながら週に1日、特別支援教育をする学級）の先生方に「あなたの育て方でよいのだ」と肯定してもらうと、なえていた気持ちが楽になり、やる気が取り戻せた。

（まゆみ）

●がんばれ！ が心に響いた

「力になりたい」とか、「愚痴ならいつでも聞くよ」と言ってもらえることが多いが、そんなことばよりも、親しい人の短いひとこと「がんばれ！」が非常に心に染みた。「がんばりすぎだよ」とか「もっと楽に考えて」なんて、みんなが遠慮して言うなかで、久しぶりに聞いたことばだった。単純に「ああ、がんばろう！」と思えた。

（マール）

●大声で歌う！

開き直って娘と手をつなぎ、手をぶんぶん振りながらスキップした。子どもの寝顔を見た。変顔が上手など、娘のよいところをノートに箇条書きにしてみた。すると、意外な成長を感じて笑ってしまうことがあった。私が大声で歌っていると、娘も音程のはずれた歌を自信満々で歌うから、笑えて元気になれた。

（すっとこどっこい）

●自分をほめる

心理、教育、医学関連の本や雑誌を買い、流し読みをし「自分は偉い！」とほめた。さらに、本を並べ、中身を覚えていなくても、これだけ買った！ 関心をもった！ とうなずくと元気が出た。

（サクラさん）

●カウンセリングでリセット

隔週で通ったカウンセリングがとてもよかった。話しながら前回からの問題を振り返ると、自分自身で整理がつき、心がリセットできた。

（モニモニ）

●山本五十六に教わる

「やってみせ、言って聞かせて、させてみて、ほめてやらねば、人は動かじ」これは山本五十六のことば。親に教えられ「なるほど」と目からウロコだった。

（たろママ）

子育てコミュ⑱ ママのやる気アップいろいろ

●ひとりカラオケ

親自身に余裕がないと、子どもへの接し方もいっぱいいっぱいになるので、趣味を充実させることが、子どものためになる！　と言い聞かせ、読書、カラオケ、ゴルフに没頭した。「ひとりカラオケ」「ひとりマンガ喫茶」にもよく行った。

（まいごん）

●講演会へ行く

講演会へ行くと、後ろ向きだった思考が前向きに変わることが多かった。知り合いに「使えるものは何でも使い、みんなで子育てすればいい！」と言われてすごく楽になったこともある。（菅野あいみ）

●格言

「10回言ってわかる子もいれば、100回目でわかる子もいます」。このことばで、根気をもって子育てしようと思った。

（クッキー）

●応援歌をもつ

障がいがわかったときは、THE虎舞竜の『ロード』「何でもないようなことが、幸せだったと思う～♪」の一節に実感し、よく歌っていた。最近は一青窈の『ハナミズキ』「ぼくの我慢がいつか実を結び……百年続きますように～♪」が、私の応援歌。歌うと元気になれるような気がして、いつも口ずさんでいる。（ココロ）

●心で唱える

昼は同じような子どもをもつママたちに愚痴を言って気持ちをリセットしていた。夜は「今日も私、がんばってる！　がんばった！」と心の中で何度も唱えてから寝ていた。

（ぱんじい）

●ハグかな

息子から「ママ、だ～いすき」と抱きついてこられると、がんばろう！　と元気が出た。

（ゆっこ）

●憧れの先輩ママ

先輩ママで、手本になる支援や子育てをしている人がいると、「私もこんなふうになりたい！」と思えて、やる気が出た。

（なな）

●飲み会で叱咤激励

尊敬する通園施設の先生と飲み会を開き、叱咤激励をしてもらう。心にとまったことばは手帳にメモし、ときどき見返す。

（なりはは）

●自負する気持ち

息子のことは、ほかのだれもわからなくても、私だけはずっと息子の一番の理解者だ！　と自負する気持ちがあるから、がんばれる。

（りんママ）

●無理をしない

子どもたちとドライブに行ったり、スーパーに買い物に行ったり、ふだんどおりのことをした。一喜一憂したり、無理にがんばろうとしなかった。

（サンディ）

●指導者の愛情

小4の担任が保護者会で「子どもの中に希望が見える」と言っていた。そのことばを毎月の手帳に書き込み、忘れないようにしていた。それを引き継いだ5年の担任の「あの子たちは私の宝物です」にも感動。親以外にそのように思ってくれる指導者に恵まれたことが、何より私のやる気の源になった。

（わん）

●ことばを思い出す

子育てがつらいときは「衣食住を満たしておれば親の役割は果たしている。それだけでも60点！」という恩師のことばを思い出していた。

（サザエさん）

●自分を解放

公園でボーッとしたり、青空を眺めたりしていた。

（ミルキー）

役立つ情報は先輩ママの経験談。それはブログにあり!

子育てをしていて、不安の一番の原因は「発達障がい児の育て方がわからない」ということだった。その不安を解消するためには情報が必要だったが、どこを探してもそんな情報は見つからなかった。

「息子に何が起こっているのか?」は、医師や研究者が書いた本で知識を得ることができた。しかし、「発達障がい児の育児」「トラブルの解決法」なんてことはどこにも書いてない。医師も知らない具体的でわかりやすい育て方と解決策があったらな〜と喉から手が出る思いだった。

そんなころ、あるブログに出会った。そこで、発達障がい児の可能性を追求する記事を書いていたのは、大人アスペの当事者だった。そのサイトに集まり、記事を読み、コメントを書き込んでいたのが、私と同じ発達障がい児を育てるママたちだったのだ。

そのサイトでコメントを毎日共有しているうちに、ママたちとネット上で交流するようになっていった。彼女たちはそ

れぞれにブログをもち、日々家族の記事を発信していた。

そこで私は宝を発見したのだった！　ママたちのブログには、息子よりもちょっと前を歩む、発達障がい児の日常があり、問題解決のヒントが満載だった。毎日、毎日みんなで投稿記事を読んでは、泣いたり、笑ったり、怒ったりしながら、コメントを書き込み合っていた。

ブログで心の整理

そんなある日、私の気持ちに変化が起こった。私も誰かの役に立ちたいと思うようになったのだ。ブログを書いてみようと思った。「私の子育て」をテーマにしたブログを。

はじめは、内容が内容だけに、文章が暗くなりがちで、書いていてうんざりすることもあったが、日に日に心の整理がついていくことに気づいた。それと、それまでは自分は「ダメ母だ」とばかり思っていたのだが、ブログを読み返してみると、母としてがんばっている姿が見えてきた。少しずつではあるが、自分を認められるようになっていった。

気づくと、私のブログには北海道から沖縄、シドニーやニューヨークに住む発達障がい児のママからもコメントが入るようになっていた。悩みはどこに住んでいても共通していて、尽きることはないらしい。

先輩ママに教えられた極意を、今は後輩ママに発信している。（アンディーママ）

子育てコミュ⑲

私の幸せの瞬間

●はじめての「お母さん」

次男が肺炎で入院し、家と病院を行ったり来たりしていた時期があった。そのとき、長男は父や祖母と一緒に生活をしていた。長男の通園が始まったばかりの大事な時期にそばにいてやれないことが申し訳なくて、会ったら必ずハグをしていた。そんな生活が続いたある日、「じゃあ、お母さん、行ってくるね」とハグをすると、耳もとで「お母さん」とはじめて言った。うれしくて、うれしくて、大粒の涙があふれた。

（なりはは）

●ことばだけじゃない！

息子とコミュニケーションが取れず、落ち込んでいたころのこと。私は「アイアイ」を振りつきで歌っていた。すると、ことばが出ていない息子が、私に向かって、振りをまねながら「アイアイのポーズをして！」と要求してきた。私にやっと要求してくれたと感激した。コミュニケーションはことばだけじゃないと思え、希望がもてた。

（ようこ）

●私が知らない息子の姿

学校の修了式で、1年間のがんばりを、学年代表が発表する機会があり、息子が特別支援級の代表として選ばれた。先生から「ぜひ見にきてください」と声をかけられ、行ってみると……。「エーデルワイス」をリコーダーで完璧に演奏していた。学校でしか練習していなかったらしく、そこには私の知らない息子の姿があった。

（ちーちゃん）

●成長を実感

「息子がほかの子と一緒に列をつくり、席に座り、呼ばれたら返事をしている！」小学校の入学式のときに、ウルウルしてしまった。息子はちゃんと成長している！　と思えた。

（かーちゃん）

●ありがとうの手紙

幼稚園のときは、ことばを話すことができず、友だちもいなかった娘。小1になり友だちができた。また、字が書けるようになった娘の手紙には「まま、だいすきだよ、いつもありがとう」と書いてあった。胸がいっぱいになり、涙で顔がくしゃくしゃになった。

（すっとこどっこい）

●布団の中のごほうび

寒い日の夜、先に寝ている「人間湯たんぽ（息子）」が布団の中を温めてくれている。それが、今日1日がんばった私へのごほうびなのだ。夏場は勘弁だけど……（笑）。
（M）

●今が幸せ！

今、現在が一番幸せだと思う。特に、同居の義父母と一緒に、ケーキを囲んで、ささやかな誕生会を開くとき。みんなが元気でなきゃ、こんなことはできない。ケーキを手づくりするときは、娘たちがデコレーションをしてくれる。年々上手になっていくのも、とても楽しみだ。

（キタマ子）

●これが幸せの正体

息子が心の底から笑いながら、友だちと自然にたわむれている姿を見ると、安堵を感じる。「よかったね～」と私の体から無駄な力が抜けるのがわかる。こんなことが、私にとっての幸せの正体のようだ。

（有楽町）

「好き!」をとことんやらせる。するとに秘めた力が目覚め生きる力が強くなる。

子どもって、自分が受け入れられていると感じる場所では、自分を出し、目に見えて伸びていくように思う。

治療や療育という目的は必要だけれど、問題行動の矯正という性格が強い療育の場では、わが子の場合はあまり心を開かず、変化を見せてはくれなかった。逆に、好きなことに「心が動き」「心が躍り」、そこへ自分で向かっていくときには、大きな成長があった。

私は、息子が小さいときから、それが「こだわり」に見えたとしても、子どもが「好き!」と思うことは大切にしてきた。子どもが納得するまで「好き!」を続けさせることが、内に秘めた力を伸ばすことに必要だと思ったからだ。

公園でカメの観察を始めると、日が落ち始めていることにも気づかず、長い間、池の前を動こうとしなかった。旅行先で捕まえたカブト虫を、ブリーダーかと思われるほど増やしてしまい、カブト虫の視線を感じながら生活していたこともある。何かに夢中になっているときの目はキラキラしていた。だからできる限り興味があることを一緒に楽しんできた。

もちろん身につけなければならない社会性や生活のルールはある。生活面でのルーズさなどは、今でも苦労をしている。

それでも、私は心の底から子どもの力を認めて「この子は大丈夫」と信じてきたし、これからも何とかなるのではないかと思っている。通級の先生も、ことあるごとに「どの子も自分で伸びていく力をもっている」と言っていた。子どもに障がいがあろうとなかろうと、親は強く信じることが大切なのだと思う。

人との出会いに感謝

これまでには、親以上に子どものよいところを見つけてくれる先生との出会いもあった。親子でいつも励まされ、悩むたびに立ち上がらせてもらった。それだけではない、同じ悩みをかかえるママたち、趣味の友人など、息子を通じて生まれた人との出会いもあった。これらの人々は私にとってかけがえのない宝物だ。

このような友人たちと関わり合い、日々の悩みをひとりでかかえ込まずに、共感しながら聞いてもらえたことが、悩みを心の深い傷にしなかったのかもしれない。さまざまな人との出会い、そして感謝を忘れないようにしたい。

息子はもう中2になった。いまだに、怒ったり、笑ったり、私が感情的にならない日は、1日とてないが、これからは、一緒に行動することがどんどん減っていくのだろう。私が知らない世界を、ひとりで歩み始めている。これからも強く信じて、見守っていきたい。（ぴいちゃん）

子育てコミュ⑳

ママからママへ贈ることば

●答えは決まっていない！

枠組みがある療育は、すべてうまくいかなかった。それでも、今ではいろんなことができるようになった。他人には、今と幼児期の息子が同一人物には見えないだろう。もし、10年前の私が今の息子を見たら、うれしくて泣くかな。療育の先生の励ましと、現在の主治医のことばに支えられ、ここまできた。「5年したら話せるようになり、10年したらブレーキがかけられるようになる可能性がある」「何をしたから、何が伸びる、とは違う場合もある。答えはひとつではない」こんな話が本当になった。成長を待つことも大切だった。でも、これを思い知るには、年月が必要だった。（サクラさん）

●障がいは個性

ふたりの発達障がい児を育てているが、今でも「障がいって何だろう?」と思うことがある。きれいごとに聞こえるかもしれないけど、やっぱり個性なのだと思う。だって「普通の子」よりできることもたくさんある。できないことに目を向けて嘆くより、できることをもっと伸ばしてやれるよう心がけてほしい。（なりはは）

●苦しいときは助けを

発達障がい児の子育ては大変。だから、すべてを母親ひとりが背負うことは不可能。苦しいときは、まわりに助けをもとめる声をあげてほしい。困ったときは、誰かに話そう。きっと手を差し伸べてくれる。仲間を増やしていけば、苦しみが楽しみに変わっていく。ゆったりと子どもによりそい、ともに成長して欲しい。苦しみから目をそむけたくなることも、ときにはあるだろう。そんなときは、少し休んでおしゃべりをしよう。

（ロゼッタ）

●自分なりにアレンジする

子育ても個性も十人十色。まわりを見ることは大事だけど「ああしなきゃ！」「こうしなきゃ！」にとらわれず、他人のよいやり方を自分なりにアレンジして、いいとこ取りをしよう。そうやって、わが子にとってのよい方法を見つけたらいい。

（みーまま）

●必ず成長する

子育てに手を焼いていたときは、「いつまで続くのか」と暗い気持ちになることもあった。でも、発達が遅いところがあっても、必ず子どもは成長する。時間がかかっても、今と同じということは絶対になくて、親子ともども前に進んで変化していく。次第に、親が知らないところでも成長していくようになる。（モニモニ）

●がんばりすぎない

どうやら、子どもは育つようにしか育たないようだ。だから、母はがんばりすぎないほうがよい。小さいうちは、3食たべさせ、はみがきをさせて、8時に寝かせていれば、そこそこまともに育つ。（千手）

佐々木正美先生に聞きました

7

自己肯定感をもたせたい。そのためには、どうしたらよいのでしょうか？

苦手なことがたくさんある子どもたち。成長すると、いじめにあったり、まわりとの違いに気づき、そのことで傷つくことに心が痛みます。親は、いつまでも守ってあげることはできません。どうしたら、子どもに自己肯定感をもたせてあげられるでしょうか。

好きなことに気づかせる

子育てで一番大切なこと。それは、子ども自身が「僕っていいな」と思えることです。つまり自己肯定感を育むこと。しつけではありません。「僕は大切な存在だ」「僕は生きていていいんだ」その気持ちが土台にあれば、幸せになっていけます。それは、定型発達の子どもであろうと、そうでなかろうと同じです。

むしろ、さまざまな場面で「僕はできない」と自分への評価が低くなりがちな子どもたちだけに、なんとか、その自己肯定の土台をつくってあげてください。

そのためには、「僕はこれが好きです」「私はこれならよくできる」ということを認めて、伸ばしてあげる。「すばらしいね」と認めて、たくさんほめてください。

ほめることがない、なんてことはないはずですよ。

得意なことがひとつもない、そんな子どもはいません。

だれでも好きなことがあるものです。子どもに、好きなことを気づかせてあげるのは、親の役割です。

電車が好き、マークが好き、地図が好き、きのこが好き、漢字が好き、数字が好き……、いろいろな子どもがいますね。好きなことがあったら、励ましてください。そして、好きなことを、得意なことにしてあげてください。

大好きで、できることがあれば生きていける

以前勤務していた横浜市総合リハビリテーションセンターには、子どもたちの鉄道愛好のクラブがありますが、その知識の豊かさは世話をしているスタッフがおどろくほど。

東京駅から鹿児島中央駅まで、在来線の路線図をたどりながら全部の駅名を暗記している子がいましたが、その名前を言っているときは、たいへんにいきいきとしています。楽しいし、「すごいね」と周囲に認められ、誇らしい気持ちがふくらんでいきます。

大好きなことがひとつあれば、人はいきいきとします。

そして、できることがひとつあれば、生きていけます。

ほめることが難しいという親は、「○○ができない」ということばかりを気にしているのかもしれません。それは、子どもにとってはつらいことです。

親があせっていると、「○○できないのはダメな子」というメッセージを子どもに送り続けていることになってしまいます。

発達障がいは、単純に発達が遅れている状態なのではなく、発達の要素や領域がかたよっているということです。がんばれば、苦手なことが得意なことになるということはありません。苦しいばかりで、成果が上がらないことが多いのです。

残念ながら、今の学校では、まんべんなくできることがもとめられます。まだ、こうした子どもたちの特性を理解している先生が少なく、子どもたちが、深く傷つくことも少なくありません。でも、お母さんやお父さんは、子どもが「僕っていいな」という気持ちをいだける瞬間をたくさんつくれるのではありませんか。

よいところがない子はいない

私には3人の男の子がいます。その3人は、同居している祖父母に、かわいがられて育ちました。孫がかわいくてたまらない祖父母は、孫のどんなところも「いいねえ」「すごいねえ」とほめ、喜びました。

兄弟の中には、ことばを発することが苦手な子どもがいました。すると、祖父は「この子はいいね。男は無口がいいよ」とほめるのです。私は、なんていいことを言ってくれるのだろう、と感心しました。

そのままの子どもを認めるというのは、そういうことですね。

親は期待や将来の不安から、つい忘れてしまいますが、わが子がかわいい、わが子が大好きと思っておられるはずです。

あなたがいるだけでいい。

そんな気持ちを思い出して、ぎゅっと抱きしめてあげてください。あっ、抱かれることがきらいな子どももいますから、そんな子は、気持ちで抱きしめる。

それから、好きなことを伸ばしてあげていってください。

繰り返しになりますが、好きなことがひとつもない子どもなんていません。

大好きなことがあれば、それが生きる力につながっていきます。

佐々木正美
先生に
聞きました
8

子どもの将来はどうなるのでしょうか。期待をしてはいけないのですか？

「子どもの将来が失われてしまった」告知を受けたときに、そんなふうに感じる親は少なくありません。「教育はあきらめてください」と言われて、絶望した人もいます。子どもに期待をしてはいけないのでしょうか？

期待してよいのです

期待してはいけない、と僕は思いません。むしろ、ふつうの子どもより期待できる面があります。そこのところをしっかり間違えないように見てあげてください。

期待してよいのです。

見当はずれの期待なんかしてはダメですよ。子どもの負担になるような期待はしないでください。見当はずれな期待は、子どもにとって過酷です。子どもにとって何が負担で、何が負担でないかは、親がわからなくてはいけませんね。たとえば、本人がどんなことが好きで、何ができるのかをわかってあげたうえで、順番に階段を一段ずつ一緒に上るように、希望を叶えていけるとよいと思います。

その子が生きやすいように、生きやすいようにと道をひらいていった先に将来があるのではないでしょうか。

大勢の人がいきいきと働いています

長い間、医学的にも社会福祉的にも発達障がいについての理解が欠けていたために、これまでは、一人ひとりの子どもに適した療育や教育ができずに、本人を傷つけることも少なくありませんでした。

特別な配慮や支援を何もなされないまま苦労して生きている人もいます。周囲の人から不適切な対応をされ続けてきたために、自分に対する否定的なイメージを強くして、青年や成人になってから、引きこもりやさまざまな社会的な不適応状態に追い込まれている人もいます。

でも、その一方、希望に満ちた幸福な人生を歩んでいる大勢の人を私は知っています。

ていねいに繰り返す作業が向いているので、機械の組み立てをしている青年、几帳面な性格で信頼を得ている在庫物品の管理者、コンピュータが得意でSEになった青年、直接患者さんと関わることが少ない健康診断の専門医師など、それぞれの場で、いきいきと働いています。

最近は、ネットで通販をする事業を立ち上げた青年の話をご両親から聞きました。本人が、自分に向いていることは何かといろいろと考え、自分らしいビジネスモデルを考

えて、起業をされたのです。

子どものころから大好きだったアニメーションの会社で働いている青年もいます。彼のお母さんは、たまたま職場の上司から電話を受けることがありましたが、そのときに、「○○さんは、今、オリンピックをやっていることを知らなくて、職場のみんながびっくりしました。いやあ、変わっていますね」と言われたのだそうです。世の中がオリンピックでどんなに盛り上がっていても、彼には関係ありません。そのかわり、アニメの仕事には全身で打ち込んでいます。

希望を叶えることを喜ぶ親に

その青年がアニメの会社で働きたいと言い出したのは高校生のときでした。

「学校をやめてアニメの会社で働きたいです。そこなら、お掃除でもお茶くみでも何でもしますから、雇ってくれる会社を探してください」

そう懇願されたご両親は、「ダメだよ」とむげに否定したくはありませんから、なんとか知り合いの伝手《つて》を頼って、あるアニメ制作会社の社長に会ってもらいました。「一生懸命働きますから、お願いです」と本気でうったえる高校生に社長さんもさぞ驚いたことでしょう。そして、社長さんもむげには否定しませんでした。

「今はいいけれど、10年、20年とお掃除だけやっているとつらくなるよ。だから美術大学を卒業してから、もう一度いらっしゃい」

社長にそう言われた青年は、自分で美大に入る準備を着々と進めました。そして、また両親に頼みました。

「入試に合格するには、アートスクールで勉強しなくてはいけません。ですから、この夜間の予備校に行かせてください」

その願いをご両親は叶えました。ところが、ほどなくして、学校のオーナーと責任者から「たいへんに申し上げにくいことですが、お宅の息子さんは、美大合格は絶対に無理だと思われます。これ以上、高い受講料を払って来ていただくのは心苦しい。入学金はお返ししますので………」と言われてしまったのです。

さて、困りました。

そこまで言われるということは、いくら本人が一生懸命でも美大に入ることはできないのでしょう。でも、だからアートスクールをやめろとは本人には言えません。そこで、そっと「美大というのは相当に難しいそうだね」と探ってみると、本人の答えはあっさりとして、そして、確信に満ちていました。

「うん、3人にひとりも受からないらしいです。でも、僕が受かるかどうかは、受験してみないとわかりません」

ご両親は、そのスクールに「迷惑をかけていないなら、続けさせてほしい」と頼んだのでした。その後、青年は、1日たりとも休まず、レッスンに通いました。いつも、だれよりも先に教室に入り、着席をしていたそうです。そして、1年後には「あのときは、息子さんの力に気づかず、申し訳ありませんでした。合格されるかもしれません」という連絡が、スクールから来たのでした。

その予測どおり美大に入り、社長の約束どおりアニメ会社で働くことになった青年は、今、いきいきと仕事をしています。

制作しているアニメの内容はどうも理解できないようですが、放送の最後に流れるロールテロップに息子さんの名前を見ることが、ご両親の大きな喜びになっています。

このご両親は、本人の希望をむげに否定することはありませんでした。幸いなことに、アニメ会社の社長のように周囲の人の理解にも恵まれて、本人は否定されることなく希望をもち続けることができたのです。

両親は、子どもの希望を叶えるために協力し、努力することを、自分たちの喜びとしてきたのでしょう。それが、青年を幸せにし、また、両親を幸せにしたのだと思います。

本人の将来に期待をもつ。それはよいことです。

でも、親が期待するより、本人の希望を叶えることに大きな喜びを覚える親であって欲しい、そう思います。

あとがき

●定型の子だったら知らずに通った道だと思うので、自分の子に感謝。（いぬい）

●やり直しを神様が許すなら、遊び上手な子になる子育てをしたい。（サッチー）

●発達にゆっくりつき合い、寄り添いながら子育てを楽しんでいこうと思う。（美和）

●おなかの肉が気持ちいいと、至福の顔でもまれる毎日です。（すっとこどっこい）

●「りゅーちゃんは間違いなく成長している」と実感がわきました。（かーちゃん）

●子どもの笑顔をつくれれば、家族の笑顔も増える。根気をもってがんばりましょう。（クッキー）

●やれること、やれないことが違うから、自分の範囲でがんばればよいのかな……。（りんちゃんママ）

●息子なりのペースで少しずつ成長してくれることを願い、楽しみにします。（ココロ）

●一歩引いて小さな成長を楽しみ、喜び笑えるだけでも、将来の光になると、ぜひ信じてください。（サクラさん）

●大切な宝物のチュケくん。生まれてきてくれてありがとう。君の笑顔を支えにがんばります。（チュケママ）

●応用行動分析の成果が表れ、障がいを受け入れられるようになりました。今は親子元気に暮らしています。（サザエさん）

●子どもたちにたくさんのことを教えられました。ありがとう。これからもよろしく！（ロゼッタ）

●あのとき感じていた閉塞感や絶望感は、私が前進すれば消え去るものだと、笑って話せるようになりました。（武井まゆみ）

●かわいいと思えなかった時代を写真で見ると、とてもかわいい少年でした。一緒に成長させてもらったなあ。（モニモニ）

●人として一番大切な思いやり、純粋な気持ち、豊かな心、寛容な心を息子から学びました。息子に感謝です。（ダヨン）

●これからも楽しさと自己肯定感を大切に、前に進みたいです。（みーまま）

●思いがけず過去を振り返ることができました。ありがとうございました。（まゆみ）

●疑問ばかりの子育てが、障がいがわかってからは謎解きに変わりました。（K）

●受け入れるのに時間がかかりましたが、今はわが子に生まれてくれて本当によかったと思っています。（ゆっこ）

●「自閉症」より平和の平の「自平症」のほうが合っているような気がします。（M）

●子どもがかわいいと思えないのは障がいのせいなのか、単に私が子どもぎらいなのか。悩みの真っただ中です。（マール）

●息子のおかげで、曲がっていた性格が真っ直ぐに、そして何より人を見抜く力がついたかも！（泣き虫くんママ）

●子どもが小さいころ「死のう！」と思っていたことがうそのようです。あきらめずにやってきてよかった。（友はは）

●今できないこともいつかできるようになるさ。前向きに。（ぱんじい）

●こんなにも大きく成長したんだと実感することができました。（ハッピー）

●人生で、私をこんなに必要としてくれた相手は、わが子以外になかったなあ。（ちーちゃん）

●私の子育てのモットー「子どものよいところ探し」をしながら、働く大人に育てたい。（菅かおり）

●子どもたちは本当に「今」を精一杯生きている‼ と感じます。だから、あんまりがんばりすぎず、楽しく。（サンディ）

●母親は子どもの一番のファンでなくてはね。毎日楽しくなるように、彼を応援していきます。（りょーりん）

●センターで先生やママたちと話ができるようになって救われた。悩んだときに相談できる存在が何より大事。（うちゃママ）

●心を開いて人と通じ合うこと。この本もきっと助けとなりますように。（ぴぃちゃん）

●障がい児も健常児も子育てのたいへんさは同じ。自立した大人になれるよう、一歩ずつがんばっていきたい。（ひまわり）

●できるようになる年齢ってあるのだと思う。もう少し気長に、長い目で見られるようになりたい。がんばれ私。（まめぞう）

●少しでもこんな子がいることを伝えることができたら、前に一歩進めるような気がします。（こっこ）

●10年前に心配していたことが、できるようになっていたことがうれしかった。（たろママ）

●たいへんな部分と同じだけ何か素敵なことがあると信じて、泣いたり笑ったり、発見と気づきの毎日です。（ソニ子）

●この本を手に取る多くの方が「手の平の幸せ」を実感でき、笑顔で過ごせますように！ もちろん私も。（なりはは）

●普通に子育てをしてたら味わえない達成感を思う存分味わってください。誰もがドラマをつくれる筆者ですよ。（りんママ）

●私の経験が、どなたかのお役に立てたらとてもうれしいです。愛すべき不思議ちゃんたちに幸あれ！（キタママ子）

●就学前は抱っこを嫌がらない子なら、いっぱい抱きしめてあげればよい時代なのではと思います。（千手）

●本のできあがりを楽しみにしています。（ミルキー）

●宇宙の広さ、宇宙の歴史を思えば、私の悩みなんて瞬きしている間に吹き飛んじゃう。今をたくさん笑った者の勝ち。（わん）

●成長するたびにおどろき、かわいくて、おもしろくて、どんどん好きになりました。（ちくまるこ）

●笑顔あふれる毎日でありますように。（森のくじら）

●ママの力を改めて認識しました。お母さん、あなたたちは素晴らしい！（木村協子）

●大丈夫！ みんな成長している。子どもの可能性を信じよう。（前川祐美子）

●本づくりに当たっては、左記の方々にもご協力をいただきました。深く感謝しております。（高橋由美）

◆杉並区立済美教育センター
◆杉並区こども発達センター
◆NPO法人「I am OK の会」
◆音楽療法サークル「音の輪」

監修：佐々木　正美（ささき・まさみ）

1935年生まれ。新潟大学医学部を卒業後、ブリティッシュ・コロンビア大学医学部児童精神科に留学。帰国後、国立秩父学園を経て、小児療育相談センター（横浜市）に勤務。一方、ノースカロライナ大学精神科TEACCH（自閉症の療育支援プログラム）部に学び、その共同研究に協力している。現在、川崎医療福祉大学特任教授。
著書に『子どもへのまなざし』（続・完と続く3部作／福音館書店）、『「育てにくい子」と感じたときに読む本』（主婦の友社）、『かわいがり子育て』、『子育てでいちばん大切なこと』（大和書房）などがある。

著者：子育てネット（こそだて・ねっと）

1989年に活動を開始。商品企画や書籍制作ごとに参加メンバーをつのり、自分たちが本当にほしいものを形にしている。本書にも50人の母親が参加している。著書に『ダメなママでもいいじゃない』（学研）、『子どもと出かける東京あそび場ガイド』（メイツ出版）、『男の子のなぞ』『ひとりっ子をグングン伸ばすママがしていること』（大和書房）などがある。

企画・編集：株式会社メルプランニング

子育てネットを主宰する企画会社。本書の他、佐々木正美著『かわいがり子育て』『子育てでいちばん大切なこと』（大和書房）の企画・編集にも携わっている。

発達障《はったつしょう》がい児《じ》の子育《こそだ》て
ママたちが見《み》つけた大切《たいせつ》なこと

2012年12月30日　第1刷発行
2016年 3 月 5 日　第4刷発行
監修：佐々木正美《ささきまさみ》
著者：子育《こそだ》てネット
発行者：大和《だいわ》書房
東京都文京区関口1-33-4　〒112-0014
電話　03-3203-4511（代表）
装丁：長坂勇司
イラスト：森のくじら
本文デザイン：木村協子
印刷所：本文／シナノ　カバー／歩プロセス
製本所：小泉製本

ISBN978-4-479-78255-1 http://www.daiwashobo.co.jp
乱丁・落丁本はお取り替えいたします。